HO'OPONOPONO
MINDFULNESS E REIKI

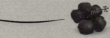

Descubra o poder dentro de você

JULIANA DE' CARLI

HO'OPONOPONO
MINDFULNESS E REIKI

Descubra o poder dentro de você

HO'OPONOPONO, MINDFULNESS E REIKI
Copyright© Editora Nova Senda

Revisão: Luciana Papale
Diagramação e capa: Décio Lopes
2ª impressão | 2020

Dados de Catalogação da Publicação

Ho'oponopono, Mindfulness e Reiki - Descubra o poder dentro de você/ Juliana De' Carli – 1ª edição – São Paulo – Editora Nova Senda, 2019.

ISBN 978-85-66819-28-1

1. Autoajuda 2. Ho'oponopono 3. Reiki 4. Terapia Alternativa I. Título.

Proibida a reprodução total ou parcial desta obra, de qualquer forma ou por qualquer meio, seja eletrônico ou mecânico, inclusive por meio de processos xerográficos, incluindo ainda o uso da internet sem a permissão expressa da Editora Nova Senda, na pessoa de seu editor (Lei nº 9.610, de 19.02.1998).

Direitos exclusivos reservados para Editora Nova Senda.

EDITORA NOVA SENDA
Rua Jaboticabal, 698 – Vila Bertioga – São Paulo/SP
CEP 03188-001 | Tel. 11 2609-5787
contato@novasenda.com.br | www.novasenda.com.br

Sumário

Introdução 7
1. Plexo Solar, o Chacra do Poder Pessoal 15
2. O nosso corpo é a nossa base 21
3. Considerações iniciais sobre as técnicas Ho'oponopono, Mindfulness e Reiki 25
4. Ho'oponopono 27
   Prosperidade 29
   Encontrando seu "Eu" através do alinhamento dos "Eus" ... 32
   O Ho'oponopono nos aproxima do nosso Eu essência 36
   O problema 38
   Memórias 43
   Perdoar 46
   A Lei da Atração 47
   A água solarizada 49
   Os estágios do Despertar 50
   O poder das palavras 52
   O poder das palavras do Ho'oponopono 55
   Aloha 57

5. Mindfulness 65
   O que é o Mindfulness 65
   O Mindfulness e a respiração 68
   O Mindfulness e o corpo 69
   O Mindfulness e as emoções 74
   O Mindfulness e os pensamentos 76
   Os benefícios do Mindfulness 78

6. Reiki 83
   O Reiki e a atividade física 86
   O Reiki e a conexão direta com a Fonte 89
   O Reiki e o lema: "Amar ao próximo como a si mesmo,
   tratar a si mesmo antes de tratar o próximo" 90
   O Reiki, as plantas e o ambiente 92
   O Reiki e os endereços magnéticos 97
   O Reiki e os animais 99
   O Reiki, os objetos e os alimentos 101

7. Técnicas associadas: *Ho'oponopono, Mindfulness e Reiki* 105
   Ho'oponopono (Princípios Kahunas) e Mindfulness 105
   Ho'oponopono e Reiki 116
   Reiki e Mindfulness 125

   Depoimentos 127

   Dúvidas Frequentes 153

   Considerações Finais 183

   Oração da Kahuna Morrnah Simeona 187

   Bibliografia 189

Introdução

Alguma vez você já se perguntou qual é o sentido da vida, ou por que exatamente vivemos? Ou ainda qual é a nossa origem e para onde vamos? Muitas pessoas buscam respostas para a vida e querem saber o motivo de estarmos aqui. Não sabemos exatamente como tudo começou, mas sabemos que estamos vivos e com muita coisa para fazer. A vida é repleta de momentos de alegrias, tristezas, desafios e conquistas.

Apesar de ninguém ter uma resposta definitiva para esse dilema, e a busca por uma explicação mais profunda ser incessante, podemos afirmar que hoje, com a Física Quântica, sabemos que somos energia e que possuímos informações que diferencia cada pessoa e cada objeto. Compreendemos que possuímos uma consciência, e eu, bem como muitas pessoas, acredito que essa consciência inteligente é infinita, que não acaba e que, na verdade, ela se transforma. Viemos do Todo, e se somos consciência, o que devemos fazer é desenvolver individualmente essa consciência.

E como podemos fazer isso? É simples, por meio do autoconhecimento e de um processo de evolução que, mediante nossas escolhas, permitirá que nós, conscientemente, possamos evoluir com menos dor e mais amor. A primeira coisa que sabemos é que devemos desenvolver a nossa consciência pelo autoconhecimento e que, para isso, necessitamos de tempo. Esse tempo é a nossa vida, quanto mais vivermos, mais tempo teremos para o nosso desenvolvimento.

O tempo, para nós, é o ato concreto e ao mesmo tempo abstrato da manifestação da misericórdia divina como perdão pelas negligências, ignorâncias e imperfeições que apresentamos ao desenvolver nossas capacidades psíquicas. Continuamente, uma nova chance é dada a cada um de nós para revermos nossas ações e nossos pensamentos, além de servir para purificarmos bloqueios estabelecidos a partir das emoções que são criadas ao longo da vida. Para o leitor entender um pouco melhor sobre o tempo, cito como exemplo a minha gata, que teve filhotes na mesma época em que eu tive meu filho. Ela já era tataravó quando meu filho tinha dois anos. Portanto, nós, humanos, que somos os seres mais evoluídos encarnados na Terra e interdependentes que existe, precisamos de muito mais tempo para aperfeiçoarmos nossas inteligências múltiplas.

Viemos a este mundo para evoluir a nossa consciência, que é uma energia. Estamos vivos; o que precisamos fazer para conseguir esse tempo para evolução é sobreviver; para isso, temos o instinto de sobrevivência. As qualidades relacionadas a esse instinto estão ligadas ao Chacra Básico, que remete à existência terrena, à ligação com o mundo material, à agressividade, à força motora e à energia física. A agressividade associada à força física pode ser utilizada em momentos de defesa pessoal. Mesmo para aqueles que são espiritualizados e equilibrados, é importante saber utilizar a qualidade da sombra desse chacra no momento certo.

Já que precisamos de tempo para evoluir a nossa consciência, que essa existência seja prazerosa e feliz. Temos dias bons, outros ruins; dias marcantes e dias rotineiros a qual não damos importância e que esquecemos, pois nada de muito bom ou de muito ruim que o diferenciasse aconteceu. É importante agradecer ao final de cada dia por tudo estar bem; é preciso agradecer todos os dias.

Procure estar sempre feliz, diariamente, pois o tempo não para e a vida que você tem agora é única. Veja o que não está bem e comprometa-se a mudar. Introduza os pedidos de mudança em suas orações, entregue-os para o Universo, faça escolhas.

Avalie esses três aspectos da vida:
- Evolução da consciência
- Sobrevivência
- Felicidade

A expansão da consciência pode auxiliar esse processo; pode ajudar na sua cura, na cura da sua vida e lhe trazer mais felicidade. Em sua busca, técnicas como o *Ho'oponopono*, o *Reiki* e o *Mindfulness* podem ajudar muito, auxiliando-o na realização de seus objetivos.

Com a expansão da consciência, podemos ver as coisas com outros olhos, passando a perceber com maior profundidade situações que já acreditava entender. De fato, temos um nível de conhecimento, mas a compreensão se torna mais apurada e lúcida quando a consciência é alimentada por informações que fazem sentido e passam a nos integrar, fazendo parte da homeostase da consciência. É como se o conhecimento já adquirido ganhasse profundidade de entendimento; digo, metaforicamente, que é uma sensação 3D (três dimensões) ondulatória e sem fim, na qual a sensação de profundidade aumenta a cada aprendizado.

Vivemos em uma sociedade interdependente e complementar. A expansão da consciência pode ser pontual, infinita e criativa; podemos desenvolver uma compreensão maior para um determinado assunto enquanto temos um entendimento mais retraído para outros. Mas isso não é um problema, pois não seríamos capazes de desenvolvermos tudo que vemos sozinhos.

Em um dia de férias, sentada em uma cadeira de praia e olhando para o horizonte, entrei num estado meditativo enquanto ouvia tranquilamente o som do mar, observava as ondas, a quantidade de água e as gaivotas no céu. Observei as pessoas, os diferentes corpos e faces, as expressões, cada um com a sua vida particular cheia de histórias e de situações. A partir disso tudo, conectei-me com a natureza e pude sentir a sua abundância, a criação, a grandiosidade da água, o movimento e a forma diferente de cada onda, as muitas faces que não se repetem nos rostos humanos, com exceção da quase perfeição da similaridade dos gêmeos. Admirei a beleza de todos os seres vivos, dos pássaros que eu via naquele momento, mas também das pessoas e de todo o ecossistema que existe dentro da imensidão dos oceanos. Conectei-me com o AGORA pela força da plena atenção a tudo que estava ao meu redor, a todos os ruídos e a todos os movimentos da diversidade abundante aos meus olhos, conectei-me com o meu próprio corpo fazendo parte de todo aquele cenário. Senti-me parte da natureza; percebi que, quanto mais nos conectamos com a FONTE estando em contato com nosso corpo e com a nossa essência, mais entramos no fluxo, e mais a vida se faz abundante, positivamente, para nós, pois fazemos parte do Universo. É com base no nosso próprio corpo que nos conectamos com o Todo.

A natureza simplesmente flui de acordo com as leis universais. Cada partícula vibra em uma frequência atraindo mais energia desta mesma frequência, tornando-se cada vez maior e, consequentemente, promovendo seu crescimento. A natureza tem certeza de onde quer chegar. É a Lei da Atração. A natureza não tem dúvidas. É como se uma árvore, mesmo antes de nascer, soubesse que um dia se tornará árvore. A semente não se põe em dúvida; ela mantém sempre a mesma frequência e atrai mais energia, respeitando a lei da gestação, que defende que toda ideia precisa de um tempo para se tornar real no mundo físico. E, com sua intenção constante, persevera e acaba realizando a sua missão.

Certa vez, enquanto contemplava as árvores, pensei que nós, humanos, variando de pessoa para pessoa, conseguimos ficar pouco tempo parados em meditação. Uma árvore permanece a vida inteira no mesmo lugar, alimentando-se de luz e de nutrientes que a aproximam do seu objetivo, que é o de estar cada vez mais perto da luz do Sol, cada vez mais perto do céu e sustentando essa condição para fortalecer a raiz que conseguirá lhe dar suporte. Quanto mais energia a árvore conseguir interiorizar, mais forte ficará a sua raiz, o seu corpo, e quanto mais verdes suas folhas se tornam, mais esplendorosa ela pode ficar para compartilhar mais beleza para os que a rodeiam. É exatamente assim que deveria acontecer conosco.

Assim como as plantas, nós também absorvemos energia solar. Isso ocorre através dos nossos chacras, principalmente do Plexo Solar. Dessa forma, nutrimos nosso corpo etérico elevando a vitalidade do nosso corpo físico. Na verdade, podemos muito mais com esse chacra, no qual nos relacionamos com as pessoas, com os ambientes e com coisas infinitas. O Plexo Solar representa o nosso sol particular, o chacra do

Poder Pessoal; é o nosso centro de força. Quanto mais forte esse chacra estiver, mais alinhados vão estar os outros chacras, os nossos centros de força, aumentando, assim, nosso poder de compartilhamento com o mundo.

A propósito, quanto mais nos alimentarmos de produtos naturais, respirarmos ar puro e fortalecermos nosso corpo físico, mais força ganhamos e mais conexão espiritual desenvolvemos. Por outro lado, ao comermos carnes, por exemplo, o corpo vai retirar a energia que está contida nelas, que vem das plantas que aquele animal se alimentou. É fácil compreender a diferença da absorção de uma salada orgânica e da carne do animal que já perdeu sua vida. A digestão da carne consome mais energia, libera toxinas e acidifica o sangue, ligando o ser que a consome a energias mais terrenas, mais instintivas, mais ligadas aos chacras de base, aumentando os espaços em nosso corpo. Quanto maior for o espaço entre nossas células epiteliais, mais rugas teremos; quanto maior o espaço entre os seres humanos, maior a chance de desavenças; quanto maior o espaço, maior o caos. Se o seu objetivo for o de se sentir mais livre, leve e em fluxo com a vida, o ideal é também ter uma alimentação que esteja de acordo com os propósitos que o leve a isso.

Nós somos natureza. A natureza animal e vegetal flui na vida e para eles nada falta; é quando vamos contra a nossa essência que as dificuldades começam a surgir e acabamos por criar problemas para a natureza ao nosso redor. A complexidade da consciência humana abre margem para possibilidades que são alimentadas pelas emoções, pensamentos e ações de cada um em cada área da sua vida. Isso pode ser bom ou ruim. O Universo não julga o que é bom ou o que é mau, ele simplesmente devolve a energia que a pessoa emitiu, ou seja, tudo àquilo que ela semeou. E isso implica em dizer também, que a vida se desdobrará naturalmente quando estivermos vivendo nossa essência. O dia a dia continua, o trabalho continua, mas as coisas fluem e a vida se torna mais colorida. Se você ainda não sente isso, comece a fortalecer as coisas de que gosta, aquilo que realmente lhe faz bem, respeitando o próximo e a si mesmo e, se possível, contribuindo para a sociedade de alguma forma que inunde seu corpo de alegria e de felicidade. Acredito que o Ho'oponopono, o Mindfulness e o Reiki possam ajudar, e muito. Foram essas três técnicas que me ajudaram a conquistar tudo em minha vida.

A questão é que somos seres Divinos; a Divindade reside dentro de nós, no nosso corpo, que é o nosso santuário. Para sermos plenos, devemos alimentar cada corpo que faz parte do nosso ser: o físico, o emocional, o mental e o espiritual. Ao deixar de alimentar um deles, são grandes as chances de se perder a conexão consigo mesmo. Alimentar o corpo físico, na verdade, torna-se um trabalho de caráter espiritual, quer falemos de alimentos saudáveis ou de atividades físicas. Os alimentos que ingerimos vão atuar diretamente em nossas emoções e, portanto, em nossos pensamentos e em nossas ações; tudo está interligado. Um exemplo que costumo citar é que ingerir em grande quantidade e com grande frequência alimentos que sobrecarregam muito o fígado podem fazer a pessoa se tornar extremamente impaciente e colérica. Por isso, fazer uma alimentação "viva" é essencial, e cuidar dos pensamentos também. O Mindfulness, o Reiki e o Ho'oponopono nos dão apoio complementar a qualquer terapia; além disso, a alimentação trabalha retificando os pensamentos, transmutando emoções estagnadas, alinhando-nos no corpo e no espírito. O Reiki é uma técnica fundamental, pois nos dá a capacidade de energizar com as nossas próprias mãos, é como ligar o telefone na tomada. Já o Mindfulness e o Ho'oponopono nos ensinam a pensar e a lidar com nossas emoções e com nossos pensamentos, além de promover ações mais conscientes.

Hoje, a cada livro que leio e a cada livro que escrevo, a cada curso que ministro ou que participo, sinto grande felicidade por experimentar o crescimento dentro da minha consciência. É uma sensação de estar mais profunda, inteira, e um sentimento de realização ao perseverar no caminho da evolução, sempre ascendente e contínua. Quero compartilhar conhecimentos e experiências que tive com o Reiki, o Ho'oponopono e o Mindfulness, uma vez que, com essas técnicas, é possível transformar sombras em luz; transformar a si mesmo e perceber o PODER Divino que reside dentro de cada um. Mas antes quero falar um pouco do nosso centro de força, o Plexo Solar, aquele que potencializa o nosso Poder Pessoal.

Plexo Solar, o Chacra do Poder Pessoal

O terceiro chacra, o Chacra do Plexo Solar, possui funções muito importantes que nos liga às pessoas, ao ambiente e ao nosso corpo astral, sendo este considerado o corpo dos desejos. Apesar de os desejos estarem relacionados ao segundo chacra, o Umbilical, é no terceiro chacra que se faz a ponte com o nosso campo energético. É através do Plexo Solar que uma emoção será compartilhada no meio magnético entre as pessoas, ou onde uma vibração negativa poderá ser percebida. Até mesmo as nossas próprias ações poderão ser digeridas por esse chacra e interiorizadas no seu campo áurico, podendo ser positivas ou negativas. Por isso, a cada passo que seja dado, ou mesmo a cada alimento ingerido, geram-se vibrações que serão levadas ao corpo astral e ao corpo físico, influenciando a totalidade com mais ou menos luz.

Quanto mais luz permitir entrar em seu corpo, em sua energia, melhor será a sua percepção do mundo exterior, pois estará irradiando essa luz de dentro para fora; estará acessando a sua beleza externa, tanto quanto conseguir exteriorizá-la. Assim, vai conseguir se relacionar melhor com o meio em que vive; o seu chacra estará mais harmônico. E, ao observar sentimentos, desejos e experiências desarmoniosas, vai conseguir identificar a sua função para seu próprio desenvolvimento, compreendendo que tais situações chegam para lhe mostrar um novo degrau a ser trabalhado, um novo bloqueio a ser desfeito, observando como se comporta seu próprio sistema relativo a determinadas situações. Depois de transcender essas energias, poderá integrá-las no aprendizado de sua personalidade. Ou seja, aprender a integrar as suas vivências pelo lado positivo, de forma que traga crescimento, sem se entregar à tristeza e ao sofrimento, vivendo seu Poder Pessoal, não se posicionando jamais como vítima.

Os chacras são nossos centros de força, mas o Plexo Solar é o estimulante da evolução, uma vez que tem a importante tarefa de purificar os instintos dos chacras Básico e Umbilical, digerindo-os para uma energia mais elevada antes de uni-los e de alinhá-los com os chacras superiores. Dessa forma, a pessoa se alinha em sua potência máxima, manifestando sua essência e sua plenitude espiritual e vivendo a maior realização que pode conseguir, pois encontra-se cheia de luz e de força, sendo capaz de emanar essa energia como um manto protetor para a sua aura e para as pessoas à sua volta, além de atrair riqueza interior e exterior para todos.

Quando o Plexo Solar se alinha com o Cardíaco, com o Laríngeo e também com os chacras Frontal e Coronário é possível perceber que tudo é vibração de luz e que seus desejos se desdobram sem esforços, uma vez que está alinhado com as forças da natureza. Assim como com os animais e as plantas, tudo acontece naturalmente, dando para perceber que a plenitude é um direito Divino. A pessoa com o Plexo Solar harmonizado simplesmente flui e suas ações estão de acordo com as Leis Universais.

Chegar a esse ponto de alinhamento e de equilíbrio pode até acontecer naturalmente se a pessoa agir conforme as Leis Divinas. É importante se autotrabalhar, conhecer-se, perceber quais são os pontos negativos a serem transformados dentro de si, pois só podemos transformar algo que esteja em nós mesmo; é por meio da limpeza espiritual que encontraremos um espírito mais pleno. É trabalhando e transformando nossos defeitos que encontraremos força, pois é como se limpássemos o que está sujo dentro de nós.

Para esse fim, temos o Ho'oponopono, que trabalha precisamente com o foco nos problemas, e o Reiki, que trabalha nas energizações, ambos transmutam e purificam bloqueios. Essas duas técnicas são de grande ajuda. A partir delas, tornou-se fácil estabelecer uma conexão com a fonte. Porém, não podemos nos esquecer de trabalhar nossa raiz, que nos dá sustento e maior capacidade de crescer, que traz concentração e vias de manifestação do Divino na Terra. O Mindfulness também se encaixa nisso perfeitamente, as três técnicas formam um conjunto íntegro para o desenvolvimento do nosso Poder Pessoal. Além dessas, podemos ter o auxílio de várias outras terapias, como, por exemplo, a cromoterapia, os cristais, os óleos essenciais, a música, a dança para liberar o corpo, etc. Aos poucos, vamos encontrando novos prazeres, aceitando a nossa essência, os nossos desejos e tendo uma liberdade de expressão que nos beneficie.

Enquanto não tivermos o interesse em nos autoconhecermos, a vida simplesmente vai passar, por vezes aos solavancos, com oscilações e lampejos de alegrias que logo dão espaço à tristeza, à solidão ou a problemas de diversos tipos. Já que a vida não se desdobra, tudo se torna mais difícil, sem ao menos entendermos o porquê. Muitos indivíduos sentem um vazio interno por não estarem conectados ao seu próprio corpo e com a forma que ele funciona energeticamente. Por exemplo, quando o Plexo Solar percebe vibrações negativas, ele pode se fechar a título de proteção e, quando bloqueado, poderá ocasionar indisposição e visão obscurecida e perturbada.

Um Plexo Solar desarmonizado não está, obviamente, em seu potencial máximo. Uma vez que se encontra em desarmonia, a pessoa estará vivenciando mais o seu ego, o ser individual, em vez de viver a essência divina que anula a vontade egoica por uma vontade Maior, querendo, dessa forma, impor a todos o seu ponto de vista.

De acordo com os autores Shalila Sharamon e Bodo Baginski, isso pode acontecer porque o indivíduo pode não ter sido reconhecido em sua infância ou em sua juventude, não desenvolvendo, portanto, sentimento de autovalorização. Ao chegar na maturidade, esse indivíduo procura confirmação e satisfação na vida exterior, na mesma medida em que isso não foi construído dentro de seu ser no período de formação da sua personalidade.

Nessa busca por validação, a pessoa desenvolve um sentido de hiperatividade para encobrir a insuficiência que a corrói por dentro. Esse sentimento corrosivo reduz a autoestima, mantendo-a em posição de incapacidade ou de invalidez, trazendo tristeza ou depressão em momentos que não esteja em hiperatividade. Com isso, a pessoa não consegue relaxar, podendo entrar em contato com esses bloqueios emocionais e, devido a esse impulso estar em atividade, poderá até obter sucesso material, mas não terá paz. Assim, a pessoa se posiciona de forma impositiva, seja em seu trabalho, seja em suas relações, recalcando sentimentos indesejados. Essas emoções que ficam escondidas podem se romper e inundar o indivíduo, trazendo consigo todos os sentimentos de desvalorização e de insuficiência com os quais não tem condições para lidar. É comum que todo esse processo se dê de forma inconsciente; a pessoa simplesmente vive tudo isso sem saber identificar as causas e os por quês. Ao identificar esse processo, o indivíduo aprende a lidar melhor consigo mesmo, busca valores, compreende-se e aprende a aceitar a função de cada um, que é única. Ao compreender, permite-se relaxar quando não está em momentos de trabalho ou de exercer sua função na vida. Percebe que o reconhecimento exterior não pode trazer satisfação duradoura, e entende que somos seres integrados e alinhados pelos centros de força, que, por sua vez, nos integram ao Céu (fonte) e à Terra (natureza). E, mesmo que esse entendimento tenha se tornado consciente, a mudança é um processo que terá de ser construído e trabalhado constantemente.

Além dos estados de harmonia e de desarmonia do Plexo Solar, ainda há um terceiro estado que se manifesta quando em hipofunção. Nesse caso, a pessoa fica abatida, desanimada, não tem vontade de fazer nada, coloca dificuldades para todos os seus desejos e, dessa forma, não os realiza: simplesmente não produz, não cria, não utiliza minimamente o potencial que reside dentro de si, que, em muitos casos, nem sabe que existe, pois não pôde vivenciá-lo em nenhum momento de sua vida. Os sentimentos de tristeza, melancolia e depressão se tornam mais constantes. O desenvolvimento natural da sua personalidade, no qual suas habilidades poderiam ser exteriorizadas, foram reprimidos desde a infância. A repressão é maior quando os pais não respeitam a individualidade do ser que chega à família e impõem a sua cultura e sua forma de ser como verdade inflexível: "é assim que tem que ser e ponto final". Não há escolha, mas, sim, um padrão, no qual cada personalidade vai responder da sua forma, e quanto mais diferente o indivíduo for desse padrão, mais vai se inibir. Para não perder a aprovação dos pais e dos adultos com quem convive, a pessoa reprime a menor expressão dos seus sentimentos, formando bloqueios emocionais na sua aura e couraças no seu corpo que as deixam presas a essas memórias. Tais bloqueios reduzem a força do Plexo Solar e culminam na perda de ações espontâneas e na integração insuficiente dos desejos e das emoções vitais. A pessoa passa a vida à espera de ser reconhecida, até porque se anula pelo outro, rejeita seus próprios sentimentos e se esquiva de boas oportunidades, pois não julga merecê-las.

A natureza da consciência não tem limites; estaremos sempre em uma constante descoberta de nós mesmos e do nosso Universo. As pessoas podem se redescobrir em muitos momentos de suas vidas e, caso se deparem com emoções que estavam recalcadas, como referido anteriormente, ou com qualquer momento em que sinta incômodos emocionais que não tenham explicação, sugiro que enfrentem essas emoções, entrem em contato com elas, não as reprima, não as esconda, aceitem as suas experiências, apliquem Reiki nos seus chacras Cardíaco e Plexo Solar e repitam o mantra do Ho'oponopono até se sentirem melhor. Ajam proativamente na busca pela cura dessas energias. Essa busca pode não ser somente energética, mas alguma ação que realizem. Pode ser simples ou complexa, pode ser rápida ou pode levar tempo e perseverança. Tenham sempre consigo o Ho'oponopono, o Reiki e o Mindfulness, que são técnicas extremamente simples e não exigem nada mais do que a sua permissão. A prática vai auxiliá-los no que precisarem em seus processos de evolução.

Boa jornada!

O Nosso corpo é a nossa base

Experimentamos a vida através do nosso corpo físico, das nossas emoções e dos nossos pensamentos. Saber lidar com os sentimentos de maneira sábia faz toda diferença durante a jornada da vida e no que diz respeito aos resultados que a cada momento obtemos por meio das escolhas que fazemos. A soma das nossas escolhas e dos nossos momentos vividos vai nos trazendo as conquistas ao longo da vida.

Há milhares de anos, não era necessário aprender a comer saudavelmente. A alimentação era baseada na colheita da natureza. Quando se percebeu que as sementes brotavam em novos alimentos, a agricultura começou a ser praticada para aumentar a oferta de alimentos e os humanos puderam se fixar em um determinado território. Há poucas centenas de anos, a alimentação ainda era bastante natural e caseira; mesmo que o homem ainda recorresse à alimentação carnívora, o consumo baseava-se nos alimentos frescos e nas especiarias. Devido a isso, não era necessário "aprender" a fazer uma alimentação saudável como hoje. Na Era da Informação, torna-se cada vez mais nítido o resgate da saúde baseado no que se come.

Platão já dizia:
Faça do seu alimento, o seu medicamento.

O homem, à medida que foi se urbanizando e desenvolvendo a indústria alimentícia, afastou-se da origem dos seus alimentos. Os alimentos nas prateleiras dos supermercados, com rótulos cada vez mais convidativos, tornaram-se usuais. Para muitos, uma alimentação prática, em detrimento da qualidade vital, passou a ser um valor de interesse devido à alta exigência de produtividade diária que consome o tempo anteriormente dedicado à alimentação. O homem se esqueceu de que ele era do campo, do sítio, de onde vem o seu alimento, que agora se encontra dentro de pacotes nas prateleiras dos supermercados.

Estou dando ênfase à alimentação antes de iniciarmos nosso estudo, pois o alimento dá ao corpo o equilíbrio vital das energias. Quando a pessoa não tem equilíbrio físico, ela entra em um balanço fisiológico negativo. Portanto, se a estrutura está em disfunção, as emoções e os pensamentos estarão em desequilíbrio. Ao buscar o equilíbrio, em primeiro lugar observe a sua alimentação e procure aos poucos resgatar hábitos saudáveis. Resgate o contato com a natureza, sem ela não existiríamos e é dela que extraímos a maior parte da nossa energia vital. A natureza possui essência de doação, assim como a luz, mas em tudo é preciso equilíbrio. Como temos a luz do dia e a escuridão da noite, precisamos respeitar a doação da natureza, até para que ela não se esgote. A sustentabilidade é essencial para a formação do tecido socioambiental de uma sociedade que aspire ao futuro.

Para desenvolver a sua capacidade pessoal e viver a sua potencialidade máxima, é preciso, em primeiro lugar, cuidar do que a natureza nos deu: um templo e um espaço.

Recebemos um corpo que é a nossa condição para fazer parte da vida terrena dentro do no nosso ambiente. Com base no corpo, no tempo e no espaço, tudo será possível. Experimente a vida com foco neles. Bons hábitos são as bases para uma saúde plena. Mesmo tendo um corpo perfeito, ao usufruir de substâncias psicoativas ou viciantes, um desequilíbrio se apresentará e trará emoções e pensamentos negativos.

Se o homem faz parte de um Todo e quer aprender o poder que tem dentro de si, faz-se necessário saber todas as suas qualidades referentes às formas que experimenta a vida. Estando consciente de que a busca pela essência inclui a busca pela relação com a natureza, desde o nosso comportamento até a nossa alimentação, vamos agora aprender a lidar com nossas emoções e com nossos pensamentos.

Considerações iniciais sobre as técnicas Ho'oponopono, Mindfulness e Reiki

A nossa sociedade é composta por diferentes etnias e pelas mais diversas culturas. Todos que compõem essa sociedade são dotados de suas próprias experiências e de aprendizagens que vem a partir daquilo que cada momento lhes proporciona. Algumas pessoas aceitam passivamente o que a vida lhes dá, outras criam oportunidades para vivenciar coisas diferentes. Até que compreendamos isso, vemo-nos a uma distância incrível de quem é tido como "pessoa de sucesso".

Muitos acabam por não se achar merecedores. Acreditam que o vizinho mereceu e não compreendem a razão da diferença. Outros percebem as suas qualidades extraordinárias e não compreendem por que é que a vida não lhes deu o que estaria à altura da sua inteligência ou do que seriam capazes. A questão é saber usar os próprios dons. Como numeróloga cabalística, posso afirmar que todos nós possuímos dons. No entanto, para que eles sejam aproveitados, sejam eles quais forem, o indivíduo precisa saber lidar com as suas emoções e com seus pensamentos, para então criar condições favoráveis. Ao mesmo tempo, ele tem de saber lidar com o meio em que se encontra, pois vive em sociedade.

Lidar com as diferenças, respeitá-las e saber posicionar-se perante os acontecimentos que se apresentam é determinante para a paz e para o desenvolvimento na vida. Claro que, em uma sociedade exógena, existem diferentes verdades e diferentes opiniões. A sua opinião pode ser perfeita para um determinado grupo de pessoas e não ter a menor importância para outro. Ou a sua opinião pode ser boa, mas, se a outra pessoa não estiver preparada para recebê-la, não vai absorvê-la; como diz o ditado "entra por um ouvido e sai pelo outro".

Quando você se pergunta sobre o que fazer e sente que precisa lidar com a experiência que se apresenta, esse "saber lidar" está, principalmente, dentro de si mesmo. É a forma como se sente e como pensa sobre a situação e, é a partir daí, que há um posicionamento e você dá continuidade aos acontecimentos. Muitas pessoas deixam as emoções tomarem conta do seu ser e perdem o controle das suas ações. E mesmo que não seja um traço da sua personalidade, certamente já deve ter experimentado essa perda de controle e percebido que não é o melhor caminho.

A qualidade das suas emoções e de seus pensamentos faz toda a diferença. Se forem negativos, não há problema; todos nós vivenciamos emoções e pensamentos negativos. Contudo, a questão é não saber lidar com eles. Por isso, vamos estudar o Mindfulness, o Ho'oponopono e o Reiki, para adquirir capacidades que são inerentes a qualquer ser humano. No âmbito dessas técnicas, vamos precisar de dois componentes: os seus pensamentos e as suas mãos. Portanto, por onde estiver, eles estarão sempre presentes.

Ho'oponopono

O Ho'oponopono é uma técnica que tem ganhado importância entre as terapias alternativas. "Terapia", palavra de origem grega (*therapeia*), significa "método de tratar doenças e distúrbios de saúde", "tratamento de saúde". Mesmo sendo o Ho'oponopono uma prática milenar dos antigos kahunas, hoje ele é considerado uma terapia, pois atua em todos os corpos e, por meio de sua prática consciente, estabelece ligação entre o corpo, a mente e o espírito. A técnica funciona libertando memórias do passado, que são verdadeiros nós energéticos, bloqueios que acarretam uma série de consequências.

Ho'o significa "causa" e *ponopono*, "perfeição", o que equivale a chegarmos à perfeição da causa do problema, ou seja, transmutar a causa. Por isso dizemos que o Ho'oponopono é utilizado para limpeza de memórias, principalmente as que causam dor e que trazem vestígios emocionais por meio de reações em que o inconsciente se relaciona com a dor para se proteger. Essas memórias podem incorporar alguns traços da personalidade da pessoa não saudável ou, ainda pior, atrair novas situações semelhantes à primeira, energeticamente falando, quanto a um ou mais traços, movidos pela Lei da Atração.

Pode parecer estranho ler que o Ho'oponopono transmuta memórias; afinal, elas se referem a algo que já aconteceu e que não há como mudar. Como podemos transmutar uma memória? O fato é que somos como um computador e temos registro de tudo o que nos acontece, mesmo que não nos lembremos. Temos registros intrauterinos, registros da primeira infância, da infância, da pré-adolescência, da adolescência e assim por diante. Esses registros podem ser à nível celular ou à nível de nossa consciência, seja na sua parte consciente, seja no subconsciente. Não quero entrar no tema das energias e dos bloqueios cármicos mais antigos, pelo menos por enquanto, mas tudo o que veremos servirá da mesma forma para energias que trazemos de outras vidas.

O nosso corpo, em estado essencial, é parte do Todo, como explica Deepak Chopra: "Um feixe de energia e informação em um universo de energia e informação."

A nossa essência é uma energia inteligente. Isso quer dizer que não somos apenas energia, mas uma energia que possui registros. Somos feixes de consciência em um universo consciente. A consciência é viva, vibra e é reativa, e tudo acontece por meio de vibrações. À semelhança da consciência, o nosso pensamento também tem vida, cor e lugar no espaço. O pensamento tem o poder de transformar, pois possui informação que vibra nesse meio quântico em que vivemos e que é reativo.

O Universo é um campo energético infinito, vivo e consciente, que recebe todas as informações que enviamos e devolve em forma de energia. É uma troca dinâmica, dar e receber; é a Lei de Ação e Reação. Nessa sua imensidão, encontra-se um campo de possibilidades infinitas que não estão manifestadas, mas que podem se manifestar a partir de comandos. O nosso pensamento, somado à emoção, agirá como esse comando de criação, ou seja, a partir dos seus pensamentos e de suas emoções é permitido que os acontecimentos se manifestem na sua vida. Sendo isso uma boa ou uma má notícia, há de se entender que é o próprio indivíduo que cria a sua própria vida; somos responsáveis pela nossa realidade. Se isso for ruim, compreenda que é possível mudar e que, na verdade, é sim uma boa notícia, pois será possível melhorar e curar a sua vida. Essa é uma forma de explicar como o pensamento transforma, já que ele converte energia universal não manifestada em algo manifestado na sua realidade. Por isso existe a Lei da Atração: atraímos do Universo tudo que emitimos a ele.

Entenda que o pensamento acaba por ser o princípio de tudo, e que a nossa mente consciente pode escolher a melhor forma de pensar, isto é, podemos treinar a nossa mente. Só o fato de estudar ou de ler este livro, o seu corpo mental já está sendo alimentado de informações que poderão ser utilizadas em diversos momentos do seu dia a dia. Além de, claro, estar expandindo a sua consciência.

Aprenda a lidar com a sua mente, a domá-la; essa transformação irá refletir positivamente na sua vida.

Prosperidade

O tema Prosperidade é de grande interesse. Procure se alimentar dessas informações não só para obter aquilo que quer na vida materialmente, entenda que o seu mundo exterior corresponde exatamente ao que está dentro de si. Entenda que tudo isso supera a matéria e que você pode ter uma vida próspera, cheia de amigos, de saúde, de liberdade financeira, de bons relacionamentos, pois, quando a sua alma estiver feliz, o mundo irá lhe sorrir. Refiro-me neste momento à verdadeira felicidade.

No tocante ao dinheiro, não acredite que não o merece. Não é porque quer se desenvolver espiritualmente que terá de abrir mão de dinheiro. Ou seja, não acredite que para fazer evoluir o seu próprio espírito não possa ter dinheiro. A evolução espiritual não é sinônimo de pobreza ou dos limites que a pobreza impõe. Trata-se de um preconceito ligado a uma deformação do entendimento do que é o dinheiro, que nada mais é que energia de troca, a qual nos traz possibilidades. Quanto mais a pessoa fizer por merecer, mais irá receber essa energia para trocar pelos seus desejos no mundo. É isso que faz com que pessoas com dinheiro tenham um brilho suplementar, pois elas se sentem realizadas ao conquistar os seus desejos. Pessoas bem-sucedidas também costumam investir em cursos, aulas de meditação, limpezas energéticas e em cuidados com corpo, o que as fazem se sentirem poderosas.

Um desejo material, como viajar, por exemplo, necessita de recursos. Precisamos de dinheiro para conquistar parte dos nossos desejos. A independência financeira nos traz liberdade para realizar os nossos sonhos e os nossos desejos. Assim, o dinheiro é um mérito e uma energia que flui na vida de cada um. A pessoa que aceita a pobreza, apresenta-se como vítima e se acomoda com essa situação. Quantas pessoas nascem ricas e perdem o dinheiro da família quando precisam administrar os negócios? E quantas nascem pobres, transformam as suas vidas e obtêm sucesso? Isso nos mostra que é preciso ter habilidade com o dinheiro. A questão é que, para muitos, houve inversão de papéis: o dinheiro deixou de ser um meio e se tornou um fim em si mesmo. É importante encontrar um modo de o obter seu dinheiro de forma natural e de o gastar com mais produtividade e sabedoria.

E como desenvolver tal habilidade?
Como entrar em sintonia com o dinheiro?

Preste muita atenção em quais são os seus sentimentos em relação ao dinheiro. Crenças limitantes clássicas, como as que diz que o dinheiro não traz felicidade, que ele é sujo ou que não se sente merecedor costumam atingir muita gente. Pode ser que a pessoa ainda não tenha identificado o porquê de um bloqueio financeiro. Se é isso que deseja, identificar alguma crença, seja financeira, seja relativa a qualquer outra área da sua vida, pergunte-se: "Por que não consigo realizar?", ou "Por que não mereço esse dinheiro?" A sua resposta mostrará o caminho; pode demorar, mas verá que não há motivos para validar tal sentimento.

O primeiro passo para entrar em sintonia com o dinheiro é se ver como merecedor dele. Se por acaso você identificou alguma dessas crenças em sua vida, use o Reiki e/ou Ho'oponopono para limpeza. A segunda coisa é fazer algo de que goste ou que pelo menos faça com vontade. A vontade traz força de ação e deposita energia vital no momento presente. Quando colocamos intenção, construímos. O Universo compreende e nos dá o retorno da ação. Verifique se há alguma atividade paralela que possa fazer de modo a criar oportunidade para aumentar a sua fonte de rendimentos.

Pode ser algo que servirá mais como um meio do que como um fim, mas terá a sua importância e a sua função no âmbito dos seus objetivos.

O dinheiro não combina com espiritualidade quando é adquirido de forma arrogante, gananciosa, desrespeitosa, seja relativo a outros seres humanos, seja relativo ao meio ambiente. Respeitando a si mesmo, ao próximo e ao meio ambiente em que vive, trabalhando com um produto ou com um serviço que faz bem ao outro e não em algo que é ilusório ou que promete realidades distantes, a probabilidade de viver uma vida próspera, espiritualmente falando, é bem maior. Cabe a cada um perceber a diferença; de nada serve omitir ou fingir que não sabe: o seu inconsciente saberá e estará determinando a sua realidade exterior.

> **DICA**
>
> Tenha percepção dos seus desejos e do que combina com as suas habilidades e mantenha o foco na construção do que deseja. Pratique Ho'oponopono quanto às crenças limitantes e quanto aos problemas que identificar, aplique Reiki em todas as situações com a técnica da redução e use o Mindfulness para se concentrar nas suas atitudes presentes, concentrando as energias na construção dos seus objetivos.

Encontrando seu "Eu" através do alinhamento dos "Eus"

É importante perceber que, a partir do desenvolvimento espiritual, é possível se alinhar com o Universo para que os seus desejos se manifestem na sua vida. Ao espiritualizar-se, as suas emoções se tornam mais positivas e, conforme a célebre Lei da Atração, a emoção é a linguagem do Universo. A espiritualidade é rica, a nossa essência é abundante de coisas boas; para que conquistemos saúde física e financeira, inteligência emocional e mental, equilíbrio e desenvolvimento espiritual, a reforma interior se revela de grande importância. Com o desenvolvimento do autoconhecimento é possível compreender-se cada vez mais e mudar progressivamente para melhor. É um processo, uma evolução gradativa, que acontece à medida que vai ganhando consciência do seu Eu cotidiano e do seu Eu essencial; o Eu que se aproxima da sua essência mais pura. Aos poucos, o indivíduo vai alinhando o corpo, a mente e o espírito. Quando conquistar esse patamar, vai perceber-se vibrando em pensamentos e emoções positivas. Os seus desejos vão, sutilmente, e às vezes, nitidamente, manifestar-se em sua vida. Quando se empenhar nessa busca, vai vivenciá-la.

O Eu cotidiano é como nos encontramos no dia a dia, aquele que vai se transformando ao longo do tempo para melhor ou para pior. Quanto mais nos espiritualizamos, com uma visão expandida, consciente do Universo e da nossa conexão com ele, aproximamo-nos ainda mais do nosso Eu essência e percebemos que somos mais puros do que imaginávamos. Afinal, viemos desse Universo de energia consciente, que é puro. Na terceira dimensão, acabamos por nos afastar cada vez mais da nossa própria essência, devido às experiências que encontramos pelo caminho. Experiências que atraímos a partir das nossas emoções e de nossas ações, e que também são necessárias para a nossa evolução.

Cada pessoa tem uma parte do Todo para viver, um feixe de energia consciente que é único, pois um não pode ser o outro e todos carregam informações diferentes. Para compreender melhor os arquétipos humanos, imagine que o Universo é um grande corpo e que determinada pessoa traz na sua energia uma informação de "braço"; portanto, ela se identifica mais com atividades mecânicas. Já outra pessoa carrega a informação de "cérebro", pelo que se identifica mais com atividades intelectuais. E assim, registros de diferentes informações fazem parte dos seres humanos. Alguns podem ter mais facilidade com ciências humanas, outros com ciências exatas, isso sempre de acordo com a inteligência que carregam em seus registros. Cada parte é necessária para que exista uma combinação complementar no microcosmo do nosso Planeta; quando essas partes voltam para o Universo, forma-se o corpo inteiro; o Todo.

Como escrevi no meu primeiro livro *Ho'oponopono: Método de Autocura Havaiano*, "o que seria de um engenheiro civil sem um pedreiro?" As funções são complementares e constituem diferentes tipos de esforços, mental e físico, ambos indispensáveis para obtermos o objetivo final: uma construção. Necessitamos de todas as profissões; somos seres em desenvolvimento e interdependentes, precisamos uns dos outros. Cada um com as suas particularidades precisa trabalhar e conhecer-se melhor, para purificar as suas energias negativas e seus bloqueios, e assim, desenvolver e aperfeiçoar as informações que tem, expandindo cada vez mais a consciência e aproximando-se da sua essência. Quando o indivíduo encontra o seu verdadeiro Eu, trabalha com algo que o faz se sentir realizado e completo, a sua ação é fluída, pois é algo que está dentro de si; o seu esforço tem um ímpeto mais forte, como se estivesse "a favor do fluxo do seu próprio rio". Isso traz muita felicidade, realização e satisfação. Com toda a certeza, essa pessoa vai tocar todos ao seu redor e, se ela conseguir unir isso ao que já se disse sobre saúde financeira, chegará à prosperidade financeira espiritual.

Portanto, temos de buscar essa essência, o caminho que está dentro de nós mesmos, a busca passa pela interiorização e por conhecimentos que nos alimentam e que entrarão em contato com a nossa autopercepção, com os nossos sentimentos, uma troca entre o mundo externo e o interno. Independentemente do método, da religião ou da prática que usar, só interessa que seja eficiente para o seu gosto, com a sua identidade, e que o aproxime cada vez mais de quem você verdadeiramente é.

É por isso que gosto tanto do Ho'oponopono e defendo a sua prática consciente, pois, além de ser excelente técnica de limpeza, é uma metodologia que permite que continuemos a utilizar todas as outras de que gostamos. Como é o caso do Mindfulness, com o qual simplesmente observamos o nosso corpo, a nossa respiração e os sinais ao nosso redor. Encontramos um silêncio dentro de nós mesmos e, a partir dele, podemos sentir sensações e termos insights. Nessas duas técnicas agimos entrando em contato com sentimentos que surgem de dentro, com situações e com problemas – nossos ou de outras pessoas – considerando que, a cada dificuldade, uma oportunidade de cura nos é oferecida, ou seja, já existe uma visão expandida e a mente deixa de estar retraída perante as situações ou os problemas que surgem. Cada vez mais a vida vai se abrindo em uma forma abundante de felicidade.

DICA

Reserve de cinco a dez minutos por dia para entrar em contato consigo mesmo. Se sentir que é muito, comece com um minuto: logo perceberá a diferença. Feche os olhos e se permita simplesmente ser. Observe a sua respiração, os sons ao seu redor e volte a se concentrar em si mesmo; concentre-se em seu corpo, perceba se há alguma emoção. Caso identifique uma sensação desagradável em seu corpo, entre em contato com ele, respirando profundamente, aceitando e repetindo o mantra do Ho'oponopono.

O Ho'oponopono nos aproxima do nosso Eu essência

O Ho'oponopono nos auxilia a transmutar memórias para que possamos limpar nossas energias, neutralizando cargas negativas que até então carregávamos ou que ainda possam surgir na nossa vida. As memórias são energias que foram ou são fixadas na nossa aura ou no nosso corpo por meio de descargas elétricas excessivas em um momento de choque ou de fortes emoções. Isso não quer dizer que, ao transmutar uma memória, não vai mais se lembrar do que o feriu, pois o que aconteceu não pode ser mudado no passado, mas pode ser trabalhado no presente para direcionar o futuro. Quando transmutamos uma memória, na verdade estamos transmutando a energia negativa que foi fixada no momento do acontecimento que a provocou. Estamos libertando a carga motivacional que envia informações ao Universo, atraindo novas situações semelhantes à primeira história ou situações que fazem com que tenhamos traços de caráter adquiridos com ela.

Veja bem, a carga motivacional a ser libertada é a emoção de algum problema. Vamos supor que essa carga, essa energia, com informações que possui vida, vibra e é reativa no Universo, ainda não tenha sido liberada. O que acontece? A pessoa que está retendo essa carga certamente vai atrair situações que estão em sintonia com esse problema. E, se é um problema, provavelmente atrairá outro problema. Principalmente se a pessoa não tem consciência de todo esse processo.

Quando um problema surge, ficamos emocionalmente abalados, zangados, choramos e acabamos por dar mais energia e ele. Portanto, damos mais força a esse novo problema que, por sua vez, fixa-se na nossa energia e tem uma informação que vibra para o Universo, atraindo mais situações negativas, e assim por diante. Mas perceba que chorar, exteriorizando a emoção e resolvendo internamente a situação, não faz mal; o problema é chorar continuamente, agarrar-se à dor, dar-lhe poder e viver o seu gozo perverso. Todos nós já conhecemos alguém que parece gostar de sofrer. É por esse motivo que há pessoas que nunca saem do estado de consciência retraída. Ficam presas em uma bola de neve e a vida não deixa de andar para trás.

Quanto mais força dermos aos problemas, mais viveremos neles. Ao manter o bloqueio, a sua carga motivacional, que é um comando para o Universo, atrairá novas situações que podem ter outro traço em comum com a primeira. Um mesmo problema pode atrair muitos outros, alguns relacionados com uma parte e outros relacionados com outra parte da questão. E assim, vamos ganhando o entendimento do por que é tão importante perdoar. Quando perdoamos, libertamos bloqueios energéticos, pois não ficamos apegados ao bloqueio que está relacionado com um problema. Ao perdoar, deixamos de estar ligados tanto a situações quanto às pessoas. Quem consegue verdadeiramente resolver seus problemas, torna-se mais leve.

Com o reconhecimento da dor e dos problemas, definindo o que incomoda ou o que traz desconforto para o corpo, é possível encontrar com o Ho'oponopono a chave para a limpeza de memórias, que irá ao encontro da sua própria essência, fazendo com que descubra as suas verdadeiras qualidades e, dessa forma, possa potencializar as suas ações, os seus objetivos e a sua vida. Assim, posso dizer que é possível sim viver mais e com melhor qualidade.

O corpo permite que a nossa consciência se expresse, ganhe forma e tenha poder.

O problema

Quando um problema se apresenta, com a ajuda do Ho'oponopono podemos vê-lo como oportunidade para transmutar e transcender a carga motivacional que o criou. Dessa forma, o que gerou o problema volta para o estado vazio, sem memórias, e ele se desfaz, solucionando-se de forma mais tranquila e com o menor esforço.

Os problemas são, em boa parte, causados por nós mesmos, que o atraímos por meio de pensamentos, emoções e ações. Quando eles surgem, ganhamos consciência de algum fato ocorrido que pode se revelar como conceitos ou ideias guardados em nosso plano mental e emocional. Seja um acontecimento ou um padrão de pensamento, eles vão influenciar os nossos sentimentos. Certamente que agimos a partir do que sentimos. Os nossos pensamentos influenciam os nossos sentimentos, que, por sua vez, influenciarão as nossas ações ou nosso corpo físico. Quando a emoção se manifesta, é como um rastro, um fluxo rápido do qual nos apegamos de forma positiva ou negativa. Portanto, temos a tendência de responder primeiro emocionalmente à situação, para somente depois termos consciência disso.

Quando nos alimentamos de informações e de sabedoria, passamos a ter maior controle emocional, a energia nos influencia do corpo mental para o emocional. Isso não quer dizer que a pessoa sábia não usufrua de sentimentos ou não viva uma emoção saudável ou dolorosa; pelo contrário, ela vive, e quanto mais desenvolvida for essa emoção, mais consciente de todo o processo a pessoa se torna. Tais indivíduos sentem a emoção conectada com o corpo, desenvolvem uma inteligência mais emocional, controlando ou não emitindo respostas reativas às situações e permitindo-se sentir o que lhes traz um saldo positivo na vida. Sabem que a vida é feita de escolhas, e uma delas é a forma de lidar com as emoções, conscientemente ou não. E isso faz toda a diferença na vida, já que será um fator determinante no caminho para o fracasso ou o para o sucesso.

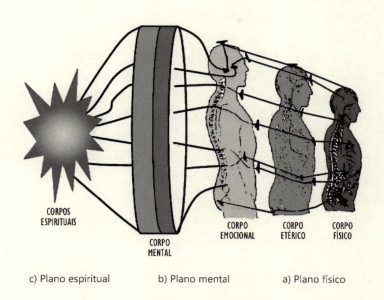

c) Plano espiritual   b) Plano mental   a) Plano físico

Se você já fez meditação baseada no Ho'oponopono, ou se conectou a qualquer outra meditação que lhe trouxe calma e paz, além de um vazio que se assemelha à tranquilidade, isso significa que conseguiu entrar em contato com a sua essência. Quando se sente essa conexão e sente os benefícios que ela traz, uma luz o aproxima da sua essência e distancia sentimentos negativos que são validados pelo seu ego nessa dimensão em que vivemos. Torna-se possível, então, perceber como os sentimentos negativos são pequenos se comparados com o Universo, podendo, com isso, dar a eles menos importância e poder sobre a sua vida.

Ao conquistar expansão de consciência, ampliamos nossa visão. Ao lidarmos com os problemas, não vivemos no mesmo nível do problema: vemos além dele e do que podemos aprender com ele. Muitas vezes, ao focarmos adequadamente e ao atuarmos de forma correta, não nos desgastamos energeticamente com preocupações ou com palavras desperdiçadas e, assim, fortalecemos a nossa fé.

Somando a tudo isso a ação necessária, a solução chegará harmoniosamente. Quando vemos o desenrolar da situação, percebemos o fluxo da realidade manifestando a realidade do campo em que vivemos. Um campo quântico.

Por isso, entenda e viva os problemas transitoriamente, pois eles não serão um cenário eterno na sua vida e não devem ser duradouros, a não ser que assim o determine. Mentalize-se fortalecendo e desenvolvendo cada vez mais a sua visão, a sua conexão e, consequentemente, o seu sucesso.

Existem influências mental, emocional e física dos corpos, de fora para dentro. O emocional pode ser ativado basicamente por emoções positivas. Conscientemente, a pessoa permite sentir no corpo os frutos disso. Em certos momentos, o corpo mental influencia o corpo emocional, que, por sua vez, influencia o corpo físico. Independentemente disso, o corpo emocional é o que está mais próximo do duplo etéreo, que une o nosso corpo espiritual ao nosso corpo físico; portanto, tem uma energia mais densa. Quanto mais energia o corpo emocional receber, mais hipóteses tem de poder se materializar ou de se manifestar como doença no corpo físico. A saúde psíquica é fundamental para que não existam larvas astrais que se manifestem no corpo físico. A pessoa que tem a psique distorcida, com muitos pensamentos negativos, tende a abrir as portas para que vírus, bactérias e vermes se manifestem em seu organismo.

Também emitimos informações para o Universo por meio de nossas ações, de nossas emoções e de nossos pensamentos, pois tudo envolve energia. A própria emoção é uma energia com informação bem mais condensada do que um pensamento, e tem ainda mais força e influência sobre nossa vida, pois é mais difícil de ser trabalhada. Se por acaso a prática do Ho'oponopono já faz parte de sua vida, você já deve ter percebido que quando exercitado com vontade e com emoção nas repetições das suas palavras, o sentimento é incorporado e se obtém resultados mais rápidos. Mas quando a prática é somente "da boca para fora", de forma racional e mecânica, apenas o seu corpo mental é envolvido, o que muitas vezes não apresenta bons resultados.

Algumas pessoas têm dificuldades em praticar com sentimento, saindo do mental. Essas pessoas ainda não desenvolveram a sua sensibilidade energética, as percepções que serão desenvolvidas por meio do contato com o próprio corpo. Se você for uma dessas pessoas, não se culpe, pois não foi educado para tal. Apenas perceba e trabalhe sobre isso, desenvolva essa capacidade, uma vez que ela está dentro de si. O Reiki é um caminho excelente para alcançar esse objetivo. Pode também tentar trabalhar o corpo por meio da dança ou de alguma atividade que exija mais atenção e mais concentração no corpo e na respiração, como o Mindfulness, o yoga ou o pilates.

O yoga e o pilates trabalham o corpo de dentro para fora e estabelecem uma boa conexão consciente entre o mundo interno e o externo por meio da respiração. Tem também a dançaterapia, que é baseada nos conceitos de Reich sobre a psicologia corporal, a análise bioenergética. Reich escreveu um livro com o título: *Couraça Muscular do Caráter*, que fala sobre as cargas de energia que se prendem ao corpo formando couraças e que estão intimamente ligadas ao caráter da pessoa.

Conforme já vimos, quando algo acontece, sentimos algum tipo de emoção que, além de criar uma energia densa, cria-se também um nó energético, um bloqueio. Essa energia, a que o corpo reage com sinais elétricos suplementares, acaba por fixar informações no seu corpo. Mesmo que esqueça o que sentiu por um momento ou por vários dias, a energia foi produzida e, como vimos, o bloqueio energético tem vida, pulsa e é reativo. A energia gerada é fixada em sua mente inconsciente, por um cordão energético, ao seu Eu superior, chamado pelos kahunas de "cordão aka". O Eu superior está diretamente ligado à fonte universal, ao campo de todas as possibilidades. Veja como é fácil de enviar ao Universo uma informação negativa que atrairá mais situações negativas.

Para que compreenda o funcionamento da sua vida, é necessário mentalizar todo esse processo e entender como o Universo reage aos seus pensamentos e a suas ações. Portanto, trabalhe na sua reforma interior e cuide dos seus pensamentos. Pare agora de se queixar da vida, pelo seu próprio bem; pare de criticar e julgar os outros, pare de olhar para a galinha da vizinha e cuide da sua, lembrando que cada indivíduo tem uma informação e não pode ser igual ao outro. E, se for o caso, retire-se da posição de vítima e tome as rédeas da sua vida. Tenha cada vez mais pensamentos positivos e visualize essa mudança interna que se refletirá na sua vida, no seu mundo, conquistando sucesso e realização.

Memórias

As memórias são cargas energéticas com informações de algo que vivemos na nossa vida e que nos marcou com emoção. Pode ser uma memória positiva ou negativa, e pode nos influenciar muito nas nossas próximas ações e escolhas. Por ser uma carga de energia, ela vibra para o Universo tal informação, e então, quando há memória negativa, se ela não for transmutada, pode atrair novas situações com traços semelhantes, por continuar vibrando a mesma informação. Nesse caso, a pessoa vai adquirindo mais memórias e vai se bloqueando cada vez mais quanto a determinados assuntos. Conscientemente, não percebemos com clareza essas ligações. Mas a partir de agora, estando ciente desse conhecimento, poderá perceber como os fatos realmente têm ligação. Acabamos por atrair problemas em comum; daí a célebre pergunta: "Por que isso está sempre acontecendo comigo?"

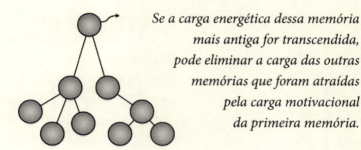

Se a carga energética dessa memória mais antiga for transcendida, pode eliminar a carga das outras memórias que foram atraídas pela carga motivacional da primeira memória.

Não temos como mudar algo que já aconteceu. Os fatos estão no passado, mas, ao transcender a carga emocional relacionada com o fato, pondo-a no estado zero, deixamos de vibrar essa informação para o Universo. Levando a energia transcendida para o Universo, podemos até nos lembrar do fato, mas não o reviver; não podemos sentir as mesmas emoções ao falar dele. Dessa forma, deixamos de atrair problemas que poderiam se tornar cíclicos, ganhamos liberdade em relação ao passado e abrimos o caminho para construir nosso futuro.

Muitas vezes a pessoa age conforme aquilo que quer, mas aí vem uma memória e vibra uma informação contrária. Às vezes, a vida parece não avançar; ficamos emperrados no mesmo lugar, parece que algo impede a nossa evolução; é possível que haja uma carga vibracional contra os nossos desejos, contra as nossas metas. Depende de cada um de nós procurar e descobrir o que está nos bloqueando. Temos dois caminhos a seguir, podemos recorrer a especialistas em técnicas como a apometria (trabalho desenvolvido no Brasil que busca, esclarece e cura bloqueios até de outras vidas), ou recorrer à mesa radiônica, à meditação ou a outras técnicas igualmente excelentes. Essas práticas podem fazer caminhos diferentes para encontrar um mesmo bloqueio, mas todas vão utilizar uma mesma ferramenta na cura: o perdão.

Quando se pratica o Ho'oponopono para um problema atual, ele vai atuar na causa, podendo limpar uma memória muito mais antiga e que chegou a atrair muitas outras. Quando a carga mais antiga é transcendida, automaticamente a carga das memórias seguintes perde força, fazendo com que a limpeza seja muito mais eficaz. Não é preciso saber qual é a causa do problema: a sua mente consciente não é capaz disso. Mas quando se dá a purificação, a mente inconsciente começa a entrar em contato com antigas memórias e começamos a ter insights delas. Torna-se muito claro o que atraiu as novas situações. É incrível. Mas é algo que não podemos controlar e quanto ao qual não devemos gerar expectativas, porque nem sempre acontece.

Essa é a essência do Ho'oponopono. Uma citação de Morrnah Simeona expressa muito bem a ideia da liberdade que conquistamos devido a nossa conexão com a Divindade interior:

O Ho'oponopono é um dom profundo que nos permite desenvolver um relacionamento funcional com a Divindade interior e aprender a pedir que, em cada momento, os nossos erros de pensamento, palavras, feitos ou ações sejam purificados. O processo diz essencialmente respeito à liberdade, à completa liberdade em relação ao passado.

MORRNAH SIMEONA

DICA

Experimente procurar as suas questões dentro de si praticando o Mindfulness e o Ho'oponopono. Dessa forma, vai aprender a entrar em contato consigo mesmo, a encontrar o Divino em si, a conhecer-se e a ser menos dependente do outro. De resto, aprenderá a conectar-se rapidamente. Autorize-se, treine, nunca desista de si. Saiba que essa é uma capacidade de todos: basta querer e não criar obstáculos.

Perdoar

Qualquer pessoa que ler sobre o Ho'oponopono vai aprender que é preciso perdoar. Jesus nos disse para perdoarmos setenta vezes sete, e isso até parece simples, mas, de repente, algo acontece: por exemplo, alguém é muito magoado, é passado para trás de alguma forma, é traído e sente muita tristeza e raiva da pessoa que o pôs em tal situação. Tudo isso é considerado um absurdo, como foram capazes de lhe fazer tanto mal? Então, a pessoa resolve praticar o Ho'oponopono e se pergunta como vai perdoar e dizer que ama a quem lhe fez mal. Nesse momento, torna-se difícil praticar, pois sente muita resistência, mas é aqui que está o segredo: a questão não é perdoar o outro, mas, sim, perdoar o sentimento dentro de si. Lembre-se do princípio da responsabilidade do Ho'oponopono, segundo o qual somos cem por cento responsáveis por tudo o que nos acontece na vida, e que esse tudo só ocorre a partir do momento em que tomamos conhecimento do fato e sentimos a emoção internamente, quando o interiorizamos. É preciso perdoar essa emoção interior para ficarmos em paz com nós mesmos e nos libertarmos do passado. Ficar em paz é tudo que importa, é o que nos leva a assumirmos o nosso sentimento em relação ao problema e a termos responsabilidades por aquilo que nos acontece, e ter capacidade de transmutar tudo isto. Assim, conseguiremos repetir para o Universo de maneira muito mais eficaz: "Sinto muito", "Me perdoa", "Eu te amo" e "Sou grato". Com a emoção interiorizada, torna-se mais fácil trabalhá-la, pois estaremos em contato com a emoção que precisa ser transmutada.

Perdoar não significa que terá de aceitar a pessoa na sua vida novamente. Significa que perdoou dentro de si o que lhe fizeram. Significa ficar bem, mas não necessariamente desculpar a pessoa e trazê-la de volta para a sua vida. Desculpar quer dizer tirar a culpa do outro que lhe fez mal, para que ele se sinta bem também. Nem sempre fará bem uma reaproximação. Se optar por aceitar a pessoa de volta e se magoar novamente, mais uma vez será responsável por tal situação. Existem casos e casos: em alguns, podemos nos reaproximar; em outros, é melhor nos afastarmos. Desculpamos aqueles com quem teremos convivência futura ou com quem temos relacionamentos importantes – a isso chamamos de "reconciliação", quando existe perdão e desculpa.

A Lei da Atração

A física quântica é a ciência que estuda a formação do Universo e da matéria, portanto, é o estudo da formação dos nossos corpos. Os cientistas provaram que matéria é energia que vibra. Somos energias e emitimos informações por meio de ondas magnéticas que variam de acordo com a frequência da energia que está sendo emitida. Cada onda tem um comprimento, de acordo com a sua frequência.

O nosso corpo é composto por diferentes tecidos que são feitos de células. As células são compostas por moléculas. As moléculas são compostas por átomos que, por sua vez, são compostos de partículas subatômicas, os prótons, os nêutrons e os elétrons. Hoje já se tem conhecimento também dos neutrinos, partículas ainda menores. Os prótons, nêutrons e neutrinos encontram-se no núcleo do átomo, enquanto os elétrons giram ao redor dele. Assim como nós, seres humanos, os átomos também têm um campo magnético.

Os nossos pensamentos possuem forças que se propagam por meio de ondas magnéticas dentro do campo magnético em que estamos imersos e interconectados, pois não existe vazio entre nós. Captamos nesse campo cerca de um pensamento entre os 11 milhões de *bits* de informações que nos rodeiam. Por intermédio dos nossos pensamentos podemos, por exemplo, formar correntes magnéticas, que poderão ser utilizadas para aplicar Reiki a distância, à semelhança do que sucede com os eventos telepáticos.

A partir desses compostos, as leis universais operam as criações dos seres vivos. Tudo o que vivemos foi criado de acordo com a nossa própria relação com o Universo, segundo as leis universais. Existe uma troca dinâmica entre a nossa consciência e a consciência universal; enviamos informações para o Universo por meio dos nossos pensamentos, que muitas vezes carregam cargas emocionais. A emoção é a linguagem a qual o Universo responde e nos devolve em energia, manifestando algo, tornando-o realidade na terceira dimensão.

Quando se tenta colocar em prática algo que aparentemente seria ideal, mas que no seu inconsciente acredita em outra coisa, a ideia não se manifesta, já que está enviando informação contrária de forma inconsciente; esse pensamento contrário pode ser uma crença limitadora. É a Lei da Atração atuando, atraindo o que emite no seu campo, tornando as suas crenças reais, pois elas são criadas e atraem energia. E é aí que está o segredo: se algo que está vivendo não lhe agrada, você pode transmutar a informação responsável por isso em algo positivo na sua vida, algo que lhe traga felicidade. O Ho'oponopono é maravilhoso para esse fim, sendo preciso somente focar nos problemas presentes ou nas situações indesejadas que lhe incomoda no momento.

A água solarizada

Uma prática de purificação muito utilizada e que, acredito eu, tem sido bastante difundida, é a água solar azul. O método é simples: basta pôr água filtrada em uma garrafa azul e deixá-la exposta ao sol por pelo menos uma hora. O tom do azul não é relevante e a função dessa água é a mesma do Ho'oponopono: a purificação de memórias. Essa água pode ser utilizada para cozinhar, beber, fazer café, regar as plantas, dar aos animais; eu a uso até mesmo na mamadeira do meu filho. Já observei melhorias em um bambu que tenho em casa, que estava muito fraco inicialmente: utilizei essa água no seu processo de recuperação. No entanto, não é raro ver pessoas que duvidam de algumas práticas (se duvidar, com certeza não irá funcionar). O processo em questão serve como suporte para a fé na limpeza e, consoante ao que for, pode trabalhar a parte emocional ou as hormonais. Comer chocolates M&M's para purificar memórias dolorosas da infância pode não fazer sentido para alguns, mas será que as cores variadas desses chocolates não interferem em alguma informação do subconsciente ligada à felicidade, como os brinquedos? E o chocolate não libera hormônios de prazer e contentamento? Assim, existem respostas fisiológicas que podem auxiliar em uma determinada intenção de trabalho ou de limpeza.

O Sol é fonte de energia e de vida para nós, os seus raios funcionam como um gatilho para desencadear a produção de nutrientes nas plantas. Dependemos do Sol e da água para vivermos. Já está provado que a água tem memória; por conseguinte, energizá-la com a energia solar e ingeri-la significa colocar tal energia dentro do corpo, uma água com mais vida. A cor azul está ligada à limpeza, ao equilíbrio e ao amor. Beber água solarizada é como beber uma água que passou pela cromoterapia, ela traz funções ligadas à cor azul, como verdade, devoção, intuição, meditação, expansão, calma, sinceridade, poder no plano mental, sacrifício por um ideal, atenção para com o próximo, bondade, pureza, controle, lealdade, sociabilidade, amor à família, companheirismo, limpeza, ordem, bom senso estético, e favorece os estudos, a sensibilidade, a altivez, a ternura, o amor, a harmonia, a tradição, a ética e a integridade.

Os estágios do Despertar

Segundo Joe Vitale, são quatro os estágios do Despertar:
1. Vitimização
2. Empoderamento
3. Rendição
4. Despertar

O primeiro estágio, o da VITIMIZAÇÃO, é um nível em que a maioria das pessoas se encontra e muitas passam a vida toda nele. Não somos educados para nos alinharmos com a Divindade; a maioria de nós não aprende que a vida é muito mais do que a matéria, as pessoas não se dão conta de que cada ser humano tem o poder de se manter equilibrado e de transformar uma série de coisas, isto é, temos certa sustentabilidade humana. Felizmente, essa visão do mundo tem mudado gradualmente. Mesmo que cada um crie a sua própria vida, faz isso de forma inconsciente, perdendo assim o controle sobre si mesmo.

As mães faltam ao trabalho e dão mais atenção aos filhos quando eles estão doentes; com isso, desde cedo a pessoa aprende que ser um coitadinho acaba por beneficiá-la com mais amor e mais atenção. Os pais têm de ter cuidado para não cair nessa armadilha, porque a criança não terá controle nem consciência ao formar semelhante padrão. Naturalmente, ela vai se tornar um adulto que se vitimiza e que culpa os outros, não assumindo a responsabilidade pelos acontecimentos da vida. Quando pomos a culpa no outro, depositamos o poder nas suas mãos, pois ele teve a capacidade de transformar algo, mesmo que negativo, sendo até mesmo capaz de nos influenciar. A questão é a seguinte: enquanto a pessoa se mantiver no estado de vítima, acreditando obter benefícios dessa posição, a sua vida não será transformada. Mesmo que ela veja algo de positivo nisso, estará perdendo uma série de outras coisas por não se apoderar das suas forças. Muitos indivíduos acabam por não descobrir do que seriam capazes ao se apresentarem como responsáveis pelas próprias vidas, em vez de serem um peso para os outros, e não entendem que, com tal atitude, a vida ganharia movimento, leveza, alegria, satisfação e realização.

O EMPODERAMENTO, que é o segundo estágio do Despertar, ocorre quando a pessoa se dá conta de que está em um padrão de vitimização e passa a se responsabilizar, percebendo o quanto é capaz de se transformar. A pessoa percebe que pode fazer muito mais do que imaginava, que tem poder sobre a própria vida e que ainda pode influenciar a vida de outras pessoas.

Praticando o Ho'oponopono é possível atingir o segundo e também o terceiro estágio do Despertar, que é a RENDIÇÃO. Esse estágio se dá quando experimentamos o nosso próprio poder, quando percebemos que existe algo muito maior, a Divindade, e nos rendemos a Ela, quando percebemos que a nossa própria força não é nada perto da força de Deus, da Fonte, e que somos filhos desse Deus, e Ele tem a sabedoria maior.

O quarto e último estágio é aquele em que percebemos que somos muito mais que corpo, pensamentos e emoções. E que experienciamos tudo isso. É o DESPERTAR propriamente dito, quando olhamos para a natureza como que fazendo parte dela e, ao contemplá-la, conectamo-nos com os seus sinais, com a sua beleza e com a sua abundância. Ganhamos consciência das nossas palavras, dos sentimentos, pensamentos e comportamentos que temos. Conectamo-nos com o nosso estado de espírito; trabalhamos sempre em busca da evolução, estando atentos à vida, vivendo alerta mesmo que relaxados, pois esse é o estágio em que estamos despertos.

O Ho'oponopono auxilia muito nesse despertar por alinhar corpo, mente e espírito. Naturalmente, a consciência vai se expandindo. Como um método de conexão direta, o Reiki também nos auxilia, tornando-nos um canal de energia. Ambas as técnicas são ferramentas excelentes para termos como ajuda na nossa caminhada na Terra.

O poder das palavras

O Ho'oponopono é um método que cura por meio da repetição das palavras: "Sinto muito", "Me perdoa", "Eu te amo" e "Sou grato". Para muitas pessoas, isso pode parecer impossível, mas atualmente já há estudos acerca do poder das palavras, da influência dela sobre nós. Um cientista e médico japonês chamado Masaru Emoto, que se formou em Ciências Humanas pela Universidade de Yokohama e em Medicina Alternativa pela Open International University, descobriu, por meio de experiências e de uma extensa pesquisa, que os cristais formados a partir de água congelada mudam de acordo com as ondas dos pensamentos direcionadas para o líquido. Transcrevo em seguida as palavras do Dr. Masaru Emoto:

Acredito, com base nas minhas pesquisas, que o oceano contém a memória de todas as criaturas que já viveram nas suas águas, e que as geleiras do nosso planeta podem muito bem conter a história de milhões de anos da Terra. A água circula pelo globo terrestre, flui pelo nosso corpo e se espalha pelo resto do mundo. Se conseguirmos interpretar as informações contidas na memória da água, poderemos compreender o cosmos, as maravilhas da natureza e a própria vida.

Como sempre digo, energia é vibração e vibração é vida. As palavras também são vibrações, portanto, são vida. A meu ver, os povos antigos sabiam que tudo começa com uma vibração e eles tinham consciência de que vibração é vida, luz e som.

Acho que os seres humanos criaram as palavras com o propósito de diferenciar esses sons e comunicá-los às outras pessoas. Portanto, os sons das palavras nada mais são que uma dádiva divina da natureza. Os desenhos dos cristais de água são uma ilustração dessa dádiva divina.

A água é um meio que recebe e interpreta até as vibrações mais sutis. Ela capta essas vibrações naturalmente, mesmo quando estão nos caracteres ou nas letras que representam a linguagem, e mostra-nos a energia dessas vibrações por meio de cristais. A água tenta comunicar-nos alguma coisa. Emoções negativas impedem que ela se cristalize. Emoções positivas dão origem a belíssimos cristais de formato hexagonal.

A água compõe 70 por cento do nosso corpo e, para mim, não resta dúvida de que as informações contidas na água têm papel fundamental para a nossa saúde, assim como para as nossas atitudes com relação ao mundo e do mundo com relação a nós.

Abro aqui um parêntese para explicar a razão mais profunda dessa citação. Eu já havia decidido apresentar neste livro um pouco sobre a investigação do Dr. Masaru Emoto, razão pela qual pesquisei na Internet, mais de uma vez, sobre ele; há anos que acompanho o seu trabalho. Um dia, deixei um livro do Dr. Masaru junto a fotografias de cristais na sala de minha casa. Depois, eu, meu marido e meu filho nos deslocamos a São Paulo para ver o meu pai e para eu fazer um curso no final de semana. Quando cheguei do curso, o meu pai me disse que Masaru Emoto tinha feito a sua transição, deixando-nos no dia 17 de outubro de 2014. Como homenagem e gratidão, fiz questão de transcrever as palavras originais do querido Dr. Masaru Emoto, cuja grande sensibilidade o levou a desenvolver a sua brilhante investigação, tão profunda e marcante, que nos acompanhará na nossa evolução neste mundo. Espero que, agora, o poder e a vibração das suas palavras fiquem enraizados neste livro.

Como se comprovou na pesquisa do Dr. Masaru Emoto, palavras que têm vibração positiva emitem poder de transformar a água em cristal quando congelada. Assim, as palavras de humildade, perdão, amor e gratidão utilizadas no Ho'oponopono têm a capacidade de influenciar a água presente em nosso corpo e também a nossa energia.

Veja algumas fotografias de cristais sobre efeito das palavras que utilizamos no Ho'oponopono:

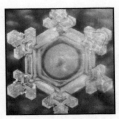
Cristal de Obrigado

Cristal de Amor e Gratidão

Cristais de oração e de harmonia. Ao praticar Ho'oponopono, você pode orar e conquistar harmonia para os seus pensamentos, para as suas emoções e para o seu corpo.

Cristal de Oração

Cristal de Harmonia

O poder das palavras do Ho'oponopono

Quando dizemos "Sinto muito", reconhecemos o problema e tornamo-nos responsáveis por ele. Ao assumimos o problema, seja nosso, seja de outra pessoa, estamos sendo humildes.

Mas aí vem a pergunta: "E se eu não concordar com o que a pessoa fez?"

Muito bem, se não for possível aceitar o problema, limite-se a reconhecê-lo e a orar por ele. Ao assumir o problema, adquire-se poder para que a mudança aconteça, não se colocando na posição da vítima que é levada pelas situações. Se o problema for seu (muitas vezes, as pessoas não conseguem ver os próprios problemas, pois os seus desvios são antigos e se tornam comuns e familiares, algo que a ela está acostumada a carregar pela vida), quando perceber uma deficiência em si mesmo, assuma, para que possa trabalhá-la. Ao se negar a aceitar, não poderá mudar e deixar esse traço para trás.

Assumir o problema não quer dizer que terá de falar sobre ele para todo mundo: basta assumir para si mesmo. Ao dizer

"Sinto muito", vivencia-se um dos princípios de Jesus e dos kahunas: a HUMILDADE. Porém, caso tenha alguém em quem confie, é bom falar sobre o problema. Ao expor sua fraqueza para alguém de sua confiança, sabendo que terá algo positivo em troca, a sua sombra é mostrada e passa a ser iluminada rapidamente. A sombra não quer ser exposta. Além disso, compartilhar pode trazer um somatório de aprendizagens e de experiências, cujo resultado é a multiplicação e, assim, ambos aprendem.

Quando dizemos "Me perdoa", libertamo-nos do bloqueio energético, do nó que estava vibrando negativamente no nosso corpo e, consequentemente, para o Universo. Deixamos de atrair novas situações negativas para nossa vida e de agir de forma desequilibrada. Perdoar é encontrar a paz em si mesmo. E assim, vivenciamos o segundo pilar de Jesus: o PERDÃO.

Relembremos a seguinte passagem da Bíblia:

> Então Pedro se aproximou de Jesus e perguntou: "Senhor quantas vezes deverei perdoar o meu irmão quando ele pecar contra mim? Até sete vezes?"
>
> E Jesus respondeu: "Eu digo-te: Não sete, mas até setenta vezes sete."

Ao dizer "Eu te amo", vibramos amor, que é a vibração emitida por essa palavra. Como Masaru Emoto descobriu, as palavras existem para expressar, por meio do som, a vida que elas possuem. Também podemos dizer que as palavras existem para dar vida aos significados que as pessoas querem expressar umas às outras. Além de amor, vibramos um sentimento profundo do nosso Eu para o Eu do outro, e isso fortalece ainda mais o amor, uma vez que estabelece uma ligação com a situação ou com a pessoa que precisa receber essa energia.

O amor é a energia mais nobre que temos, é pura essência divina. Quando o amor nos toca, qualquer situação ou relacionamento que tenha essa carência se transforma, se abranda e neutraliza as forças negativas, porque busca a essência que está dentro de nós ou de determinada situação, preenchendo-nos de amor e dando-nos a sensação de completude, de unidade.

Quando manifestamos o sentimento de gratidão dizendo "Sou grato", estamos reconhecendo perante o Universo que recebemos alguma bênção e que conquistamos a cura, e isso fortalece nosso fluxo energético com o Universo. Quando praticamos Ho'oponopono para outra pessoa, o fluxo energético entre ela e o Universo também se fortalece, trazendo mais manifestações para quem está se beneficiando ou para situação em questão.

Aloha

Aloha que significa (*Alo*) "na presença" (*ha*) "do divino", é o quinto princípio do Ho'oponopono. Podemos usar essa expressão para pessoas, lugares, situações e coisas.

Ao dizer "Aloha", é como se estivéssemos abençoando algo ou espalhando a energia da Divindade, que é amor. Por isso, quando dizemos que Aloha é um Princípio Kahuna, referimo-nos à partilha de amor. Uma vez que tudo está vivo, atento e reativo, podemos utilizar o poder do amor para transformar vidas, vibrando essa energia tanto para pessoas quanto para espaços.

Para isso, é importante não julgar, não analisar, pois só assim o amor brotará. O amor é puro, não é racional. Ele aumenta quando há menos julgamentos e também quando o espaço entre as pessoas, diminui. Ao nos vermos uno com o outro, torna-se mais fácil amar; a distância cria espaço para o caos. Prova disso são as guerras, que são resultados da distância e da não aceitação do outro. A unificação traz paz e harmonia. Podemos compartilhar amor por meio das palavras, das bênçãos, dos atos ou do envio de sentimentos e de energias positivas. Os havaianos emitem amor ao dizerem "Aloha", explorando o significado de cada letra da palavra.

Também podemos imaginar o amor vibrando a partir do nosso coração em direção aos outros, abençoando-os. Devemos sempre nos lembrar do ensinamento de Jesus: "Amarás ao teu próximo como a ti mesmo" (Marcos 12,31), porém, devemos nos amar antes de tudo, pois só podemos doar o que já temos. E devemos começar a partir de nós mesmos.

Como expliquei anteriormente, as palavras havaianas são formadas por raízes associadas a certos vocábulos que dão origem a palavras com significados específicos. No caso em questão, cada letra da palavra "Aloha" possui um significado e um novo princípio a ser desenvolvido pelo Eu. E, de acordo com os kahunas, desenvolver esses princípios nos leva a Deus. Vamos refletir sobre cada um desses princípios, observe conscientemente como está vivenciando cada um deles.

"A" de Ala

A primeira letra de "Aloha" é "A", de Ala, e significa "ver a vida e estar sempre alerta"; devemos sempre estar alerta com nós mesmos. De nada vale querer analisar o próximo se não nos conhecermos primeiro. É por meio da nossa própria experiência e do nosso próprio desenvolvimento que compreenderemos as outras pessoas e os processos de evolução pelos quais passamos.

Estar alerta é entender a si mesmo, é compreender-se, perceber-se a cada momento. É estar pronto para viver a vida com tudo ao seu redor. É dar atenção ao ambiente em que se encontra e trazer de volta a atenção para si mesmo, vendo-se nesse ambiente. É estar atento aos seus pensamentos e à qualidade dos mesmos. É dar ênfase as emoções e procurar o foco que as desencadeou naquele momento. É prestar atenção em sua postura, no seu corpo, na sua respiração. Ficar atento à respiração é uma forma de trazer a mente para o tempo presente, sentindo a conexão que respirar faz entre o corpo e a mente. Respirar fortalece o corpo. A respiração focada no abdômen, ajuda-nos a ficar no agora, pois o abdômen é mais distante da mente e torna mais fácil a concentração.

Esteja alerta a cada momento de sua vida, viva no aqui e no agora. O agora é o único momento que, de fato, podemos viver. É quando podemos construir. É o momento de poder, e para o aproveitá-lo bem, precisamos estar sempre em alerta. Viver o momento nos permite mergulhar na música que ouvimos, saborear profundamente a comida que comemos, vibrar com a família, construir um bom projeto, cozinhar usando os cinco sentidos. Viver em alerta é "Viver de Verdades".

"L" de Lokali

A segunda letra de "Aloha" é o "L", de Lokali, que significa trabalhar com a Unidade, ou seja, procurar alinhar o corpo com a mente e com o espírito. Para alinhar o corpo e a mente é importante fazer o que se prega, agir conforme as palavras. É evidente que, quando alguém está desconectado do seu corpo, está desconectado por inteiro. Isso porque a mente e o corpo não são coisas distintas; o corpo nos leva à conexão com o espírito, a respiração é o elo que os une. O corpo é a parte exterior da mente, em contrapartida, a mente é a parte interior do corpo e um pode ser atingido pelo outro simultaneamente. Porém, o corpo é mais palpável, é mais fácil de ser manipulado do que a mente; assim, um trabalho de limpeza de padrões e de bloqueios pode ser iniciado pelo corpo e ter sucesso facilmente – basta querer e autorizar-se. "Nenhum problema pode ser resolvido no mesmo nível de consciência que o criou", já dizia Albert Einstein, às vezes, precisamos de ajuda externa para avançarmos; precisamos de profissionais que possam ajudar nesse processo.

Muitas pessoas, quando têm alguma doença, tratam somente de seu corpo para se curar, mas só conseguem atingir parte da cura; afinal, o ser como unidade é corpo e mente. Seguindo a esse raciocínio, tem também o contrário: pessoas que acreditam que qualquer doença é psicossomática e só cuidam da mente, atingindo tão somente a parte da cura. Sabemos que 90% das doenças são psicossomáticas. *Psico* vem de *psique*, e significa "mente", e *somático*, vem de *soma*, e significa "corpo"; o pensamento em desequilíbrio traz doenças ao corpo, sendo que a busca da cura deve ocorrer no corpo e na mente. Cuidar do corpo é ter uma alimentação o mais natural possível, o que já cura inúmeras doenças, as chamadas alimentações vivas; mas também é necessário praticar atividades físicas e evitar hábitos destrutivos, que aumentam os espaços interatômicos, enfraquecendo o campo energético e levando ao envelhecimento precoce, além de provocar doenças. Não me referi ao espírito, pois falo dos seres desta dimensão, e o espírito é o princípio inteligente do Universo. Todas as doenças e todos os problemas devem ser atacados simultaneamente em aspectos físicos, psicológicos e espirituais. A essa busca de resultados e de soluções em aspectos diferentes e complementares, podemos chamar de "busca por uma solução espiritual". Qualquer problema tem solução espiritual, na qual a visão sobre ele é expandida, isto é, vê-se para lá do problema. Por isso podemos unir essa busca de soluções espirituais ao conhecimento do Ho'oponopono, no qual não descartamos, mas reforçamos a prática da técnica somada à ação, tendo em conta a meta e o objetivo. O corpo, a mente e a alma são energia; a diferença está no comprimento das ondas dessa energia.

Assim, *Lokali* seria trabalhar a vida, o equilíbrio, os problemas e o próprio Eu em todos os aspectos; trabalhar a energia por inteiro, com a unidade do corpo, da mente e do espírito.

"O" de *Oiaio*

Oiaio significa "honestidade", uma virtude básica para o crescimento espiritual; pode-se dizer que é a primeira virtude, necessária para que haja conexão com o mundo angelical. É com honestidade e justiça que se encontra o amor, por isso os atos honestos são sagrados. A desonestidade cria inimizades, infelicidades, ódio e guerras. Da mesma forma que atraímos para a nossa vida situações e pessoas positivas ou negativas de acordo com os nossos pensamentos, imagine o que atraímos por meio das nossas ações, que são ainda mais visíveis. Colhemos o que plantamos. Portanto, ser honesto é uma virtude básica que faz parte do pilar de um ser humano equilibrado, desenvolvido, consciente e conectado.

É importante ser honesto nos seus atos com os outros e consigo mesmo. Para todo o processo de autoconhecimento, precisamos nos aceitar como somos. Para nos aceitar, precisamos ser verdadeiramente honestos com nós mesmos. Para se dar a autoaceitação, é preciso haver humildade e o reconhecimento das nossas fraquezas e das nossas forças. Ao compreender-se, poderá aproveitar as suas qualidades a seu favor e amenizar os seus defeitos ao lançar luz sobre eles, equilibrando-se cada vez mais.

"H" de Ha'aha'a

Ha'aha'a significa "humildade". Essa letra vem depois da honestidade, que está ligada ao Chacra Cardíaco, uma vez que leva a desenvolver o amor. Já a humildade está ligada ao Chacra Laríngeo, quando a pessoa transcende o ego e eleva a sua energia no sentido da conexão com o Universo. Para transcender o ego, é preciso humildade. O Chacra Laríngeo é o primeiro centro energético do elemento Éter, um elemento mais sutil e que não faz parte da nossa dimensão; trata-se de um chacra que está disposto para um corpo em outra dimensão. Portanto, a humildade é a base da elevação espiritual. Se quer mudar, a primeira coisa que tem de fazer é aceitar um defeito próprio que tem de ser polido e trabalhado; é preciso humildade para assumir, mesmo que para si mesmo, o defeito a ser trabalhado. É iluminando a sua sombra que lançará mais luz sobre a própria personalidade.

Segue algumas citações sobre humildade de que gosto muito. Desconheço seus autores, mas de qualquer forma, acho válido citá-las:

> *A humildade não o faz melhor que ninguém, mas fá-lo diferente de muitos.*
>
> *Por mais inteligente que alguém possa ser, se não for humilde o seu melhor perde-se na arrogância.*
>
> *A humildade ainda é a parte mais bela da sabedoria.*

A humildade é importante no Ho'oponopono, já que requer respeito ao assumir a responsabilidade da situação que deseja transformar. É preciso humildade para perdoar. A humildade é o que traz equilíbrio para o nosso ego.

"A" de Ahonui

Ahonui significa ter paciência e perseverança. A paciência é uma virtude que, quem não a tem em sua personalidade, pode desenvolvê-la com trabalho interior. Paciência é diferente da tolerância e da perseverança. Quanto mais desenvolver a sua espiritualidade, mais desenvolverá a paciência e a perseverança e mais perceberá que, para se concretizar objetivos e metas com bases sólidas, é preciso agir e construir com habilidade. Muitas vezes é preciso desenvolver alguma habilidade antes de concretizar um objetivo, e não agir impensada ou rapidamente. É para isso que a razão é estabelecida, não deixando as emoções se manifestarem por impulsos. Assim, busca-se o resultado com mais objetividade e sabedoria, entendendo que é preciso paciência e perseverança para as conquistas da vida. Tudo é conquistado, construído, e temos o tempo da terceira dimensão, que é lento. É importante compreendê-lo, pois tudo tem o seu tempo e chega até nós no momento certo. Temos de respeitar o ciclo da vida e os momentos de construção, crescimento e colheita.

A intolerância mostra inquietações e incapacidades que muitas vezes são determinadas por quem se apresenta como vítima da situação, pois aceita algo que ultrapassou seus limites e que não é do seu agrado. É importante enxergar esses limites e fazer intervenções equilibradas em momentos em que eles sejam ultrapassados. É muito importante respeitarmos os próprios limites, respeitando nosso corpo e a nossa mente.

Assim como é importante respeitar os limites das outras pessoas e o da sociedade, para que exista harmonia geral. Um limite da sociedade pode estar relacionado tanto com o meio ambiente como com as leis e as regras, para que exista um convívio mais harmonioso.

Já a perseverança é a virtude que une paciência, determinação, fé e ação. Portanto, ela ajuda a desenvolver a disciplina no ser humano. Perseverar é uma virtude complexa na sua vivência, não por ser difícil, mas pela persistência e pela união de fatores fortes, como paciência e fé, o que a torna muito nobre.

Mindfulness

O que é o Mindfulness

O termo *Mindfulness* costuma ser traduzido para a língua portuguesa como "atenção plena" ou "mente presente", e consiste na capacidade de focarmos a nossa atenção no agora a cada momento. É um estado mental alerta e sereno. É possível treinar a nossa mente para melhorar essa capacidade de concentração de forma consciente, intencional e com a postura de aceitação dos fatos da forma como se apresentam.

O Mindfulness foi desenvolvido por um médico norte-americano chamado Jon Kabat-Zinn, depois de ser convidado a tratar pacientes que não respondiam a tratamentos convencionais. Dr. Jon Kabat-Zinn, praticante do zen budismo, recorreu a fundamentos da filosofia e da prática budista quanto à atenção plena e desenvolveu um programa de oito semanas de Mindfulness. A resposta foi tão positiva que fundou a Clínica de Redução de Estresse (*Stress Reduction Clinic*) no Centro Médico da Universidade de Massachusetts.

Os exercícios propostos desenvolvem capacidades mentais de atenção, presença e consciência que aprimoram a concentração e o foco, além de trazer clareza quanto a nós próprios e quanto ao ambiente em que nos encontramos. Consequentemente, essa prática apresenta resultados mais consistentes e eficazes para as nossas ações, assim como o autoconhecimento e ações conscientes e proativas. O Mindfulness pode ser considerado também como um conjunto de práticas e de exercícios para desenvolver a mente presente. A partir do momento em que tomar consciência do que é de fato essa técnica e iniciar a sua prática, vai perceber rapidamente a sua eficácia. Ao inserir na sua vida o hábito de praticar Mindfulness, acabará por viver de forma muito mais intensa, ao mesmo tempo que obterá maior paz interior e maior clareza em relação a tudo.

Nosso corpo se defini como físico, emocional, mental e espiritual. Vivenciamos diariamente expressões físicas e emocionais por meio de sensações, e vivemos sem o mínimo esforço as nossas manifestações mentais mediante os pensamentos e as percepções da consciência. Portanto, se o Mindfulness é uma prática do momento presente, utilizamos o nosso corpo como objeto de atenção, uma vez que todas as partes estão sempre presentes onde quer que estejamos; é com base nesse conjunto de corpos que experimentamos a vida, que é feita de momentos que representam experiências.

É por meio da respiração, do corpo, das emoções e dos pensamentos que vivenciamos cada momento. É também por todo esse conjunto que fazemos o treino da atenção plena, seja no terreno da prática formal, seja na aplicação na vida diária; a chamada "prática informal".

Na prática formal, temos como objeto principal a respiração, mas também devemos estar atentos às sensações do corpo, às emoções e aos pensamentos. Com a prática, desenvolvemos a capacidade de prestar atenção de forma intencional a cada momento, com aceitação e sem críticas, análises ou julgamentos. Esse treinamento se reflete diretamente na prática informal do dia a dia. Dessa forma, saímos do modo piloto automático e passamos a prestar mais atenção ao que estamos fazendo ou com quem estamos conversando, sem perder contato com a experiência, valendo-se de processos mentais.

A prática formal do Mindfulness não consiste em uma meditação que tem como objetivo o relaxamento, que pode até acontecer por conta da meditação, mas que também, da mesma forma, pode acontecer de lhe deixar ansioso, agitado, aflito ou impaciente. O importante é entrar em contato com as suas sensações, com o seu corpo, estar ciente de seus pensamentos e, a cada percepção, aceitar e não criticar. Isso inclui aceitar o fato de a mente naturalmente poder apresentar pensamentos; o objetivo não é impedir os pensamentos. Aos poucos, com a prática, a mente vai silenciando. Porém, se algum pensamento surgir, devemos aceitá-lo e, calmamente, convidar a nossa atenção a voltar para o momento presente.

A nossa tendência natural é a de analisar, até porque já temos experiências passadas; por isso, temos em consideração que cada momento é único. É preciso encarar cada novo momento com o olhar de uma criança que está descobrindo o mundo e não tem condicionamentos. A criança, na sua inocência, vivencia tudo com mais intensidade e consegue ser feliz em momentos de simplicidade. Somos nós que criamos a grandeza do momento. Perdemos essa característica com o tempo, e é muito saudável resgatá-la. A isso damos o nome de "mente de principiante".

Partindo do princípio da aceitação, não entraremos em conflito com as dores, com as emoções ou com os pensamentos que surgirem; depois de nos apercebermos deles, vamos aceitá-los tal como se apresentam, que é a realidade presente, a experiência que a vida proporciona no momento. Se a experiência for positiva, a alegria será vivida plenamente, de corpo e alma, não devendo se apegar a ela quando chegar ao fim, mas, sim, aceitar que acabou. Se a sua experiência for negativa, aceite-a, sinta a dor, mas não permaneça no sofrimento.

A maneira como escolhe viver vai afetar diretamente as extensões da sua vida, as suas ações no seu meio. Essa escolha se refere à consciência alerta do seu corpo, das suas emoções e dos seus pensamentos a cada momento, com aceitação e sem julgamentos. É como se aguardasse para agir no momento em que verá com clareza a realidade. Acredito que o Mindfulness é uma maneira de viver a vida de forma plena, pacífica e alerta em todas as áreas da vida. Esses fundamentos podem ser aplicados em qualquer momento. Praticar Mindfulness terá reflexos na sua vida profissional, familiar e social porque vai, inicialmente, atuar em si mesmo. E, quando não conseguir se libertar de uma emoção ou de um pensamento, terá o Ho'oponopono como um aliado perfeito.

O Mindfulness e a respiração

A respiração, por estar sempre conosco, é o elo entre o nosso corpo e o nosso espírito. Ela nunca deixa de fluir e funciona como âncora no momento presente. Ao se concentrar no movimento da respiração, sentindo o ar entrar e encher o abdômen, e logo depois sair e esvaziá-lo, a sua consciência se desloca para uma região mais distante da mente e se torna mais fácil trazer a atenção para o momento presente. Sempre que precisar ancorar a sua atenção, faça pelo menos três respirações conscientes do ar entrando e saindo, e do movimento do seu corpo durante a respiração; assim, vai perceber que é possível enraizar a atenção.

> **PRÁTICA**
>
> Sente-se confortavelmente, convide a sua atenção a focar em três respirações consciente e sinta o movimento da sua mente em si mesmo e nas suas próximas ações. Sugiro que essa prática seja feita no mínimo uma vez por dia no local de trabalho, e uma vez por dia em casa.

O Mindfulness e o corpo

Quando trazemos a nossa atenção para o nosso corpo, seja por meio da respiração ou da percepção de sensações corpóreas, vivenciamos o momento presente de forma muito mais intensa. É como se disséssemos que vivemos de corpo e alma, pois não só o corpo está presente como também a nossa consciência se encontra em alinhamento com ele.

A mente possui natureza agitada, ela faz com que a nossa consciência se perca em pensamentos passados e futuros, tirando a concentração do que estamos fazendo e impedindo a vivência do momento presente. E assim, o momento presente perde o valor, pois não estamos dando-lhe a atenção que merece. É como passear com a família e pensar em trabalho, ou querer estar em outro lugar que não ali, deixando de aproveitar o que está disponível para si naquele momento, sendo que o momento presente é o único que se pode vivenciar. É como se comesse um chocolate e não o saboreasse; ao acabar de comer, estava tão concentrado e preocupado com outras coisas que mal sentiu o sabor e acabou por não o valorizar. Quantas pessoas comem para compensar a ansiedade, sem sequer aproveitar o real prazer da comida!

Tive um aluno para cuja perda de peso dedicamos muito trabalho e treino. Ele pesava mais de cem quilos e era viciado em chocolate. Cada cem gramas perdidos eram celebrados. Um dia tivemos uma conversa sobre isso, com o intuito de ele passar a saborear cada dentada; pedi-lhe que mastigasse bem e que sentisse todo o sabor e o prazer que os alimentos podiam lhe oferecer. Não estava em questão o consumo de açúcar, mas sim a relação dele com o chocolate. Um ano depois, ele tinha perdido 30 quilos; estava magro e saudável. A relação dele com a comida mudou e ele passou a dar atenção ao momento em que se alimentava com nova perspectiva. Ele passou a ter a mente presente, a observar-se, a entender as suas emoções e as suas ações perante aquele hábito que lhe tirava a saúde. Esse aluno não só consumia chocolate diariamente e em grandes quantidades como não tinha a consciência do momento e da sua relação com o doce. O corpo dele começara a pagar por isso e, quando houve a mudança, respondeu de forma positiva e rápida.

Ele deixou de fazer com que a sua existência se baseasse somente em pensamentos e em emoções, e entendeu que o seu corpo não era apenas uma extensão da sua consciência. Como seres humanos que somos, devemos aguardar pelo nosso momento de SER; devemos simplesmente estar no corpo e sentir o que é SER esse corpo e estar nele. Vivenciamos a nossa existência concomitantemente do ponto de vista corporal, emocional e mental. São maneiras diferentes de expressar a nossa existência. É importante que compreenda que as três maneiras têm lugar no espaço. O seu corpo tem lugar no espaço, mas a sua emoção e os seus pensamentos também.

Como são ondas, os pensamentos se movimentam a uma velocidade muito além do que se percebe; o Universo capta esses pensamentos. Emoções e pensamentos têm poder e, portanto, devemos cuidar deles para que a Lei da Ação e Reação seja positiva. Pensamentos construtivos mudam a qualidade da experiência, da emoção, do posicionamento perante as situações. Pensamentos negativos podem reforçar emoções negativas. Os pensamentos e as emoções estão ligados ao corpo e influenciam-no diretamente, assim como o corpo também influencia as emoções e os pensamentos. Como mencionado anteriormente, são às emoções vindas do corpo astral que se refletem sobre os órgãos e as ações. Independentemente do âmbito em que trabalhar haverá repercussões nos outros corpos; físico, emocional e mental.

Um dos objetivos do Mindfulness é associar corpo e mente para que vivenciemos por inteiro cada momento. É uma meditação que pode ser praticada de forma formal ou informalmente, pois pode estar presente em cada experiência da vida, seja em casa, seja em um passeio, seja no trabalho, para procurar alinhar corpo e mente. A mente tem a tendência de avaliar, e o mesmo se passa quando observamos o nosso corpo, pelo que acabamos por interpretar a experiência. Como, por exemplo, sentir calor e retirar o casaco. O treino diário consiste em, depois de notar as percepções que surgiram, voltar a atenção para a respiração, para o corpo ou para o que estiver fazendo no momento. Em suma, devemos aplicar essa teoria em nossa vida; assim como em seu trabalho há um objetivo a se cumprir, o seu objetivo na vida também será o seu objeto de plena consciência.

De tal modo, podemos vivenciar o momento presente por meio da prática da exploração corporal, pois o corpo está sempre presente. Mesmo que a mente vagueie, o corpo está ali e recebe todas as informações do campo à nossa volta.

Se alguém pensa em você, insistentemente as ondas dos pensamentos dessa pessoa se propagam no campo de energia em que está imerso e chegam até ao seu campo físico. Consequentemente, você vai recebê-las em seu corpo, que está constantemente recebendo informações do mundo exterior. Essa informação é enviada para o córtex cerebral e traduzida de forma que possa ser expressada ou compreendida. Mas nem sempre é bem compreendida, pois recebemos muitos estímulos que não vemos, mas sentimos. De resto, o corpo possui consciência corporal de determinada informação, o que nos permite aprender muito se ficarmos atentos às sensações do nosso próprio corpo. Essa consciência corporal inclui o que fazemos e o que sentimos, e se expressa em sensações corpóreas que nos leva a nos movimentarmos e a agirmos sem muitas vezes termos consciência disso. Portanto, podemos aprender a escutar o nosso corpo e, ao fazê-lo, entrarmos em contato com ele e criarmos a oportunidade de percebê-lo no seu espaço, ao mesmo tempo que vamos processando novas experiências.

Limite-se a observar as suas sensações, boas ou más, não as julgue; aceite-as e perceba a sua experiência, sem se perder em pensamentos.

Ao sentir dor, é possível escolher aceitar a sua existência e a mudar de foco, concentrando-se na respiração, no seu centro de força, ou pode sentir a dor, entrar em contato com ela o máximo que puder e, consequentemente, entrar em sofrimento. A escolha é sua.

Quando a dor ocorre, com ela vêm emoções e pensamentos que acabam por intensificar essa dor. A criança, quando se magoa, chora um pouco pela experiência da dor, um pouco pelo susto e um pouco pelo desconhecido: "o que vai acontecer?" Para ela, tudo parece estar perdido naquele momento, pois crianças vivem intensamente o presente. Mas se ela ouvir de alguém algumas palavras positivas, vai se acalmar e perceber que a dor não é tão grande assim.

Sempre que sentir dor ou qualquer incômodo no seu corpo, busque essa experiência de isolar a dor, sem se envolver nos pensamentos. Estando alerta, com a mente presente, maiores possibilidades de escolha se apresentam, o que reafirma que, a todo momento, nossa presença deve estar focada em todas as dimensões da nossa existência: corpo, emoções e mente.

Agora, gostaria de convidá-lo para ter uma rápida experiência.

PRÁTICA

Pare por alguns instantes e tome nota de como está o seu corpo, a sua postura. Verifique se tem algum incômodo, alguma sensação. Ajuste-se na cadeira, na cama ou no sofá, onde estiver, em busca de uma postura mais confortável. Agora, sinta essa posição. Perceba se sente alguma sensação no seu corpo. Tome ciência dos seus próprios pensamentos e mentalize-se de que pode mudar o foco da sua consciência nestes três âmbitos: mente, emoções e corpo, isto é, tudo aquilo que pensa, que sente e a forma como está no agora.

O Mindfulness e as emoções

Cada um de nós possui um conjunto de memórias boas e más que acabam por refletir na forma como recebemos novas informações. Essas memórias ficam em nossa consciência corporal. Chamamos de reatividade a reação automática que temos perante certas situações e as emoções que elas despertam em cada um de nós. Um mesmo fato pode ser vivenciado por duas pessoas de maneira completamente diferente.

A emoção é uma resposta advinda dessas memórias perante determinadas situações que as despertam. Se o pai ou mãe assistiu ao nascimento de um filho, quando vê a cena de um parto em um filme, por exemplo, vivencia tal cena de forma bem mais profunda do que quem não teve essa experiência. Trata-se de emoções positivas ou negativas, quando se possui a memória dentro de si, vivencia-se de forma mais intensa uma situação semelhante.

Portanto, as emoções assinalam que existe algo dentro de cada um de nós referente a certos assuntos. Ao rebatê-las logo de início, estará negando as emoções por entrar em conflito com elas, apresentando reações impulsivas e caóticas, a já referida reatividade, mesmo que para você o caótico seja não falar e se fechar no quarto, enquanto que para outras pessoas seja uma explosão. Se, ao aplicar o Mindfulness você perceber qual é o tipo de emoção que se apresenta e, a partir de que estímulo ela surgiu, três fatores se apresentarão:

- **Autoconhecimento**: dependendo da forma como reage a determinada situação, vai percebe-se diferente das outras pessoas.
- **Oportunidade de cura**: como dizemos no Ho'oponopono, um problema é uma oportunidade de cura. As emoções e/ou

os bloqueios são energias com informações de algum problema que foi criado em dado momento da sua história. Ao descobrir a sua reatividade, torna-se possível entrar em contato com a emoção e purificá-la com Ho'oponopono.
- **Escolha:** possibilidade de escolher como quer agir. "Devo agir com impulsividade ou depois de identificar a emoção devo ganhar entendimento acerca dela?" O ideal seria agir com clareza e não criar mais problemas, usufruindo da paz de um momento que até então poderia ser caótico.

Utilizemos as emoções como um sensor que nos indica quando algo deve ser purificado em nós ou quando algo positivo deve ser vivido com entrega, de corpo e alma.

Convidemos a nossa consciência a viver sem análise ou sem julgamentos, que acabam por ser acionados a partir do instante em que já sentimos algo, sem sequer notar toda a informação relativa àquele momento. Tomamos como verdade essa análise que muitas vezes está equivocada e que gera a reatividade.

Assim, aprendamos a experienciar as emoções de forma mais libertadora. Confie na observação das emoções com a aceitação e a atenção plena. Isso fará com que tenha mais clareza acerca de si mesmo e dos fatos ao seu redor.

Essa aceitação se traduz em não querer mudar o momento presente, em querer vivê-lo plenamente; não se importando de que esse momento possa ser positivo ou negativo. Aprenda a viver um momento agradável com entrega e sem querer prendê-lo, pois ele vai mudar; e aprenda a viver um momento desagradável sem medo, compreendendo que se trata de uma experiência que deve vivenciar devido a alguma aprendizagem ou alguma necessidade, pois não será assim para sempre. Tudo está em movimento e muda constantemente, à semelhança das ondas do mar e da forma como a própria natureza se apresenta.

> **PRÁTICA**
> Identifique dois ou três momentos do seu dia em que tenha agido por impulso e observe se conseguiu ficar centrado e se agiu de maneira proativa. No momento presente, veja como está se sentindo; calmo e sereno, alegre ou triste ou ansioso e deprimido?

O Mindfulness e os pensamentos

Os pensamentos nos dão sinais das nossas ações conscientes, mas isso não quer dizer que tais ações sejam, de fato, levadas a cabo com consciência. Podemos dizer que se trata de ações rotineiras, de costumes ou simplesmente da formatação do nosso posicionamento, que procura validar e entender tudo. Os pensamentos são muito rápidos e muito condicionados. Temos padrões neurais já formados que respondem a informações e a emoções, pelos quais acabamos por ter opiniões condicionadas e ações reativas.

Portanto, quando trazemos a consciência para a nossa reação perante os fatos, podemos perceber a nós próprios; compreendemos que tipo de comportamento e quais padrões temos. Esse processo é muito interessante. A mente naturalmente desejará analisar, julgar ou criticar para rotular dada experiência. É como se o ego procurasse validar tudo para se sentir seguro onde se encontra. Mas essas validações acabam em julgamentos, na criação de ilusões e, consequentemente, em problemas, sejam de relacionamento, sejam de sofrimento para a pessoa que pensa de forma distorcida.

Se as pessoas conhecessem o poder dos seus pensamentos, certamente praticariam o Mindfulness e o Ho'oponopono, pois estariam purificando-os, educando a sua mente e criando uma realidade física repleta de amor e conforme ao seu agrado. A Lei da Atração se baseia principalmente no pensamento, e a ferramenta que se tem para atrair a realidade que gostaria de ter é, sobretudo, o seu pensamento.

O ideal, portanto, é que conheçamos os nossos padrões mentais e que entremos em contato com nós mesmos perante cada situação e em cada momento. Por exemplo, é possível que no exato momento em que está lendo este texto, quando menos esperar, sua mente já estará pensando em outra coisa. Como os pensamentos não param, temos inúmeras oportunidades para nos apercebermos deles. Mesmo que já se conheça a Lei da Atração, é possível se aprofundar ainda mais o contato com o seu padrão mental, que, às vezes, se mostra escondido atrás de uma simples opinião.

DICA

A cada pensamento negativo ou que não esteja alinhado com a perfeição Divina, mesmo que acredite que a sua opinião está certa, aperceba-se desse pensamento e vibre amor para a situação em questão. Quando tiver uma opinião mental que não seja de perfeição Divina, experimente repetir três vezes "Sinto muito, me perdoa, eu te amo, eu sou grato". Aos poucos, o seu padrão mental vai se polindo, o que fortalece o seu corpo mental no espaço e lhe traz mais força e melhores cocriações na sua vida. Identifique quantas vezes terá de fazer isso ao longo de um dia.

Os benefícios do Mindfulness

O Mindfulness é uma prática muito simples que dispõe de ferramentas as quais desenvolvem capacidades inerentes ao ser humano. Precisamos despertar essa capacidade em nós para que possamos usufruir ainda mais dos nossos próprios potenciais. E mesmo que as ferramentas sejam as mesmas e as pessoas desenvolvam capacidades de atenção plena, de não julgamento, de observação e de aceitação, cada um vai canalizar a força que descobrir em si para as atividades que mais contribuem para a humanidade.

Ao viver a vida em alerta, estando atento as suas ações, elas passam a ser mais discernidas e uma maior clareza se apresenta quanto às suas experiências. Isso porque, normalmente, quando deixamos os pensamentos à solta, acabamos por nos identificar com os nossos padrões de pensamentos, aceitando-os como realidade. O que muitas vezes culmina na ocultação da verdadeira natureza de uma realidade. Esse movimento é muito natural e é por isso que a prática do Mindfulness deve ser constante. As práticas formais treinam o seu cérebro para as informais, momentos em que reside o estresse quotidiano.

O objetivo consiste em treinar a mente para trazer a atenção para o momento presente, sem julgamento, em cada momento da vida e de maneira sistemática; caso contrário cairá novamente em criações ilusórias da mente. Por mais que a pessoa seja realizada na vida, passará por momentos de estresse ou de sofrimento. E se mudar a forma de ver a sua experiência, pode sofrer menos, sentir menos estresse e desenvolver ainda mais a sua consciência e a sua sabedoria, com base na clareza que vai se apresentando quando a mente silencia. Assim, passamos a olhar para todos os momentos da vida como oportunidades de crescimento pessoal, cumprindo o objetivo primordial da nossa existência terrena: a evolução espiritual.

Além disso, a cada instante uma nova energia está disponível, você pode escolher como vai utilizá-la. Se usá-la de maneira construtiva e ligar essa energia às suas ações para construir ou estudar algo, certamente vai alcançar o crescimento. Agora, se escolher desperdiçar a sua energia, seja em ações destrutivas, seja em pensamentos dispersivos, que passam do passado para o futuro, corre o risco de estacionar.

Os pensamentos são como a água com qual se rega uma planta. Às vezes nos prendemos aos pensamentos e criamos verdadeiras prisões. Como respiramos e pensamos constantemente durante a nossa vida, devemos cultivar sempre a vigília sobre a nossa mente. A prática constante traz respostas rápidas; no entanto, a transformação pessoal de cada um é sempre um processo que se desenrola durante a vida. Ancorar essa prática fará com que a vida tenha mais valor, seja mais plena e preenchida de momentos realmente vividos. O Mindfulness traz alegria para a vida, além de liberdade por oferecer a opção de ver com clareza a realidade e dar espaço aos pensamentos e às emoções, mesmo que sejam negativos, pois trabalha com a aceitação, e não com a rejeição, e com o acolhimento da imperfeição humana. Sendo assim, teremos:

- Evolução pessoal na perspectiva espiritual, mental e emocional, bem como em nossas ações.
- Expansão de consciência.
- Conhecimento da nossa mente e dos nossos condicionamentos mentais.

- Conhecimento dos nossos bloqueios emocionais, sobre os quais podemos aplicar o Ho'oponopono e o Reiki, para purificá-los.
- Clareza e discernimento de pensamentos e de emoções.
- Ações mais práticas e eficientes, depositando o máximo da nossa energia nas atividades diárias e também cometendo menos erros.
- Acolhimento.
- Alegria e liberdade.
- Desenvolvimento da capacidade de atenção.
- Aprendizagem do não julgamento.
- Aceitação de cada momento e de cada experiência.
- Aumento da capacidade de observação.
- Aumento da produtividade.
- Eliminação das ilusões.
- Redução do sofrimento, da tristeza e da depressão.
- Melhoria da qualidade das vivências.
- Incremento de ações construtivas.
- Valorização de cada experiência de vida, desde a fruição de um simples chocolate à paz interior e exterior.
- Melhoria dos relacionamentos.

PRÁTICA

O que sentiu em si mesmo que foi mais desenvolvido e aprimorado a partir do contato com o Mindfulness?

_____
_____
_____
_____
_____
_____
_____

Complete os espaços em branco com algum dos princípios básicos do Mindfulness que façam sentido para você:

Acolher _____ Ser paciente

_____ Não se apegar _____

Viver plenamente _____ Confiar
o presente

_____ Desprendimento _____

Ter uma mente _____ Aceitar
de principiante

_____ Não Julgar _____

Estar _____ Ser

Aceitar _____ Ser Grato.

Reiki

Reiki é um método de equilíbrio, reposição e desbloqueio energético que se torna possível pela canalização de energia – feita por uma pessoa corretamente iniciada por um mestre habilitado – a si próprio ou a um cliente, principalmente por imposição das mãos.

Rei é a energia cósmica universal, a energia divina, o "Todo" de Deus. E *Ki* é a energia vital, aquela que todos nós temos para sobreviver e que faz parte do nosso campo magnético.

Quando um reikiano quer fazer uma aplicação e se conecta para isso, a energia *Rei* desce em espiral e entra no seu Chacra Coronário, unindo-se à sua energia *Ki*. Isso faz com que a energia se adense ao nível do campo vibracional humano, tornando-a capaz de ser recebida por outra pessoa.

Portanto, a união da energia *Rei* com a energia *Ki* forma uma terceira energia: a energia Reiki.

A energia Reiki se propaga à velocidade da luz (300 mil quilômetros por segundo); por isso, pode ser programada para um acontecimento passado ou futuro e/ou enviada a distância. A velocidade da luz pertence à quarta dimensão, ou seja, a dimensão espaço-tempo, onde não existe espaço nem tempo, grandezas que são tidas como "relativas".

Mas o que significa isso exatamente?

Inicialmente, é preciso conhecer a Teoria da Relatividade de Albert Einstein. Einstein percebeu que, se dois objetos em direções opostas colidissem, o impacto se referiria à soma das velocidades, ao passo que, se colidissem na mesma direção, o impacto se referiria às velocidades subtraídas uma da outra. Debruçando-se então sobre essa temática, estudou a velocidade da luz e fez experiências nas quais mudava o foco de luz de lugar, acabando por descobrir que, independentemente de onde estivesse o foco, ao ligar a luz, a iluminação era praticamente instantânea. Einstein não conseguiu nenhuma explicação para tal mistério, ele simplesmente aceitou como verdade que a velocidade da luz era a velocidade mais rápida de todas e, a partir da sua aceitação, conseguiu estabelecer a mundialmente famosa Teoria da Relatividade: $E = m.c^2$ (E = energia; m = massa; c = velocidade), que mostra que a energia e a matéria podem ser convertidas uma na outra. Mas o que significa massa multiplicada por velocidade?

Podemos dizer que essa multiplicação seria equivalente a muitas partículas de energia condensadas, ou seja, o momento em que os seus elétrons perderiam velocidade e, unindo-se uns aos outros, formariam a matéria. Quando temos um núcleo com elétrons girando em torno dele, os elétrons que estão na camada (nível) de fora necessitam girar mais rápido do que os da camada (nível) de dentro, para conseguirem se manter em órbita naquele mesmo núcleo. Tomando esse pequeno exemplo e vendo-o de forma maximizada, podemos compará-lo ao Planeta Terra em relação aos seres que nele transitam. O Planeta seria o núcleo (gigante, se comparado com um átomo, e com maior magnetismo devido à força da gravidade) e os seres humanos e a atmosfera seriam os elétrons.

Se pensarmos que quanto mais longe do núcleo, mais rápido um objeto precisa ser para acompanhar tal núcleo, então, como seria, por exemplo, para um ser dentro de um foguete viajar em estratos superiores da atmosfera, a uma velocidade relativa? Penso que, para quem está dentro dessas aeronaves, o tempo é diferente do que para aqueles que estão perto do centro magnético, no nosso caso, a Terra. Nos estratos superiores da atmosfera, o tempo passaria bastante rápido, como se uma viagem de meia hora equivalesse a muitos anos para aqueles que estivessem sob o solo da Terra.

O entendimento da aplicação prática da Teoria da Relatividade nos faz compreender melhor como a energia Reiki funciona tão bem e instantaneamente, mesmo quando enviada a distância. Ela nos mostra que essa energia trabalha em uma velocidade muito superior à qual estamos acostumados, apesar de estarmos adaptados à velocidade de rotação do Planeta Terra, que é de 60 mil quilômetros por segundo.

A técnica Reiki é considerada como terapia "holística", palavra advinda do radical grego *Holos*, que significa "total". Portanto, é uma terapia que trabalha o ser como um Todo, isto é, o corpo físico, emocional, mental e espiritual. Isso insinua que podemos aplicar Reiki quando sentimos dores no corpo físico (como as cólicas menstruais femininas, por exemplo), ou podemos tratar uma depressão que se encontra no corpo emocional e ainda tratar o corpo mental, acalmando a mente e os pensamentos de alguém em estado de extrema agitação ou ansiedade. Também podemos tratar o corpo espiritual, alimentado pelas práticas de conexão com o divino. Esses são somente alguns exemplos do que podemos conseguir com a prática dessa técnica poderosa.

Outro ponto a ser destacado é o fato de que a energia é neutra e somos nós que a polarizamos. Se tivermos pensamentos positivos e agradáveis, teremos uma aura mais equilibrada, com belas cores e emanando energias positivas, ao passo que, se cultivarmos pensamentos negativos, como a raiva, por exemplo, ficaremos poluídos com essa vibração devido a energia negativa que emite e apresentaremos uma aura sem equilíbrio e com cores horríveis.

O Reiki é uma energia que vem de Deus, portanto, só pode fazer o bem. É uma energia de puro amor e de cura. Quando o reikiano recebe a energia *Rei* de Deus, essa energia passa pelo Chacra Cardíaco do terapeuta e vai para as mãos, sendo então canalizada para o cliente.

Todos nós, seres humanos, somos detentores das energias feminina e masculina, yin e yang, respectivamente. Se a pessoa tem um défice de energia yin, o Reiki pode atuar para fornecer mais yin. Da mesma forma, se precisar de energia yang, o Reiki proporcionará energia masculina yang, equilibrando-a energeticamente. O Reiki é considerado uma técnica sem polaridade, uma energia de puro amor e, portanto, segura.

O Reiki e a atividade física

Como professora de educação física formada em 2010, pude associar ao Reiki algumas percepções e analogias com os meus estudos. Depois de praticar atividade física, a pessoa sente um bem-estar concomitante à exaustão, devido à liberação de hormônios que proporcionam prazer (serotonina e dopamina). Tendo em conta que o corpo físico é matéria, e que toda a matéria tem o seu campo magnético e se converte em energia, e vice-versa, pude encarar de maneira diferente a atividade física, e é isso que vou explicar agora.

Após a prática de atividades físicas, os elétrons dos átomos componentes da matéria de um determinado ser humano giram mais rápido, portanto, quanto mais rápido um elétron gira, maior é a distância entre ele e o seu núcleo. Logo, uma expansão áurica ocorre depois de realizadas atividades físicas moderadas a intensas, uma vez que o conjunto de átomos com elétrons gira mais rapidamente e com um diâmetro maior. Na minha opinião, nesse enquadramento, já que o elétron, componente negativo, se afasta do próton, componente positivo, cria-se um espaço mais favorável para a recepção de energias de luz. Em comparação com uma lâmpada, quanto maior a resistência entre o polo negativo e o polo positivo, mais luz se faz.

Também é sabido que a glândula pineal, a única formada ainda durante a fase embrionária do ser humano, deixou de ser um órgão considerado sem função: ela, como também a glândula pituitária, são responsáveis pela produção de nove hormônios, como os que fazem parte da menstruação, da digestão e da ejaculação.

A glândula pineal lida com o tempo e é responsável pelo ciclo circadiano, que faz o balanço metabólico do nosso corpo diariamente. Sabendo que o tempo faz parte da quarta dimensão, aquela que é superior ao nosso plano, a glândula pineal também foi chamada de "glândula da mediunidade" por Chico Xavier (Missionários da Luz).

E o que tem tudo isso a ver com a expansão da consciência?

A glândula pineal integra no seu interior cristais de apatita, como comprovou Dr. Sérgio Felipe de Oliveira, médico neurologista, investigador e professor da Universidade de São Paulo. Sabemos que os cristais são formas de luz na matéria mais pura e que contêm muitos elétrons sensíveis aos campos magnéticos. Dessa forma, esses cristais são sensíveis a si próprios e mutuamente, acabando por responder a estímulos energéticos da expansão do campo causada pela atividade física, desencadeando, assim, a produção de hormônios. Claro que essa produção depende, dentre outros fatores, de boa alimentação, mas gostaria de apontar aqui uma forma de expandir a sua aura: os exercícios físicos, algo totalmente antidepressivo e prazeroso. O prazer que se sente após a atividade física é justamente devido à expansão áurica que ocorre naquele momento; realmente, temos a sensação de estarmos maiores, mais expandidos – é como a sensação de consciência retraída e expandida. Se o condutor de um veículo quase tiver um acidente, ele toma um susto e age automaticamente para travar ou para mudar de direção na estrada; nesse momento, a sua consciência se retrai de tal forma que ele não consegue pensar qual será a melhor solução, o que o leva a agir mais por instinto e menos racionalmente. Esse é um típico caso em que temos a sensação de consciência retraída, assim como temos a sensação da consciência expandida quando aprofundamos o grau de entendimento sobre determinado assunto.

No mesmo passo em que a atividade física proporciona a expansão do campo, ela auxilia também no processo de expansão de consciência do ponto de vista energético. Além disso, após a prática de atividades físicas, o corpo se torna muito favorável a receber a energia Reiki e a praticar meditações de Ho'oponopono ou de Mindfulness. Isso porque, fisicamente, fica mais receptivo a energias de luz depois de os seus elétrons se afastarem do centro positivo; fisiologicamente, a glândula pineal, que faz a ponte com a quarta dimensão, também se torna mais receptiva, uma vez que já foi estimulada pelo campo magnético quando ativou as suas funções neuroquímicas.

O Reiki e a conexão direta com a Fonte

Já foi constatado que, um iniciado em Reiki passa automaticamente a ter mais energia, porque fica diretamente conectado com a Fonte Divina, apresentando de forma natural a expansão da sua aura. Isso a beneficia como um todo, em todos os corpos: físico, emocional, mental e espiritual.

Vi muitos alunos por mim iniciados, recuperarem o equilíbrio energético. Eles trabalhavam em demasia, estavam fracos e desgastados, mas conseguiram cumprir o seu trabalho e produzir ainda mais. A razão para isso é que, com a energia Reiki presente, a pessoa se sente mais disposta, apresenta menos cansaço físico e mental, e aumenta a produtividade. A alimentação e outros fatores (como bons hábitos de higiene de vida) também podem contribuir em muito para isso, pois estão ligados à produção de hormônios e ao bom funcionamento do corpo. Mas tudo está interligado e, por isso, falamos de diferentes fatores nessa nova abordagem.

Com a expansão áurica, vem a ampliação da consciência e, consequentemente, a pessoa se torna mais sensível, a sua percepção se aguça, ganha-se maior aceitação e melhor compreensão. Tudo isso faz parte do estágio de evolução de cada um.

Como já mencionei, o Reiki é um método em que a energia é utilizada para a cura ou simplesmente para a manutenção da saúde em todos os seus aspectos. Reiki não é religião, nem está vinculado a nenhuma delas. O próprio Mikao Usui era padre, cristão, professor de teologia, estudou o budismo e sutras em sânscrito, tudo isso tendo em vista a busca pela descoberta de uma técnica de cura, tal como Jesus fazia. Da mesma forma, os meus estudos acerca do kardecismo, do budismo e do catolicismo deram-me muitos conhecimentos e sempre procurei uma interligação entre eles. A religião não perde importância ao ensinar a sua filosofia de vida às pessoas, por meio da oração com fé. Todos aqueles que quiserem, podem entrar em contato com Deus, a Fonte Divina.

A energia não é dos reikianos: ela pertence a todos e a Deus. Os reikianos só têm um conhecimento de como lidar (conexão e manipulação, pois direcionam-na) com essa energia de Deus, após a sua iniciação, para, então, direcioná-la para a cura.

O Reiki e o lema:
Amar ao próximo como a si mesmo, tratar a si mesmo antes de tratar o próximo

Quando uma pessoa aplica Reiki, ela recebe energia *Rei*; porém, é importante ressaltar que parte dessa energia fica com o reikiano, fazendo com que termine uma sessão mais energizado do que estava. Assim, esse método não desgasta o terapeuta, mas beneficia-o energeticamente: quanto maior for o uso de energia Reiki, mais forte se tornará energeticamente.

Como qualquer reikiano pode fazer autoaplicação, automaticamente ele é capaz de cuidar de si próprio, repondo a sua energia, mantendo-a em alta frequência, libertando toxinas ou trabalhando bloqueios energéticos. O autotratamento é muito importante para manter o equilíbrio do reikiano, principalmente se ele atuar como terapeuta de outras pessoas. Cuidar de si próprio, para estar preparado para cuidar do outro, é essencial; além disso, essa prática de cura do próximo traz também o desenvolvimento pessoal, espiritual e a elevação da consciência do terapeuta ao longo da sua jornada de trabalho de cura. Tudo o que passar para um cliente, seja ele um amigo, seja um conhecido ou seja um desconhecido, o reikiano precisa necessariamente assumir em si mesmo para agir de acordo com as suas palavras.

Quando um terapeuta Reiki atende a uma pessoa ou a um animal, não cabe a ele diagnosticar o desequilíbrio, apesar de, ao terminar a sessão, ele saber quais chakras estavam em maior desequilíbrio naquele ser. Quando se sabe ao que cada chacra corresponde, tem-se a ideia da necessidade de mais energia, de acordo com o fluxo daqueles pontos. Nesse caso, dá para sentir o estado da pessoa; porém, para dizer alguma coisa, é importante que seja fundamentado em estudos e em experiências efetivas e claras com os mestres de Luz que assistem aos atendimentos. A minha experiência me permite hoje sentir os meus mestres, mas também os mestres das outras pessoas durante um atendimento ou das que serão iniciadas nos cursos. Por isso, peço sempre permissão aos mestres dos meus alunos ou aos mestres dos meus clientes para que o trabalho seja feito adequadamente, solicitando-lhes auxílio na cura e nas bênçãos à pessoa.

Uma vez que o Reiki é uma energia de origem Divina, ele nunca se torna obsoleto e a sua prática tem se revelado importante desde a sua descoberta até aos dias atuais, tanto para a cura física quanto para a cura emocional, mental e espiritual. Não é como os computadores, objetos modernos que se tornam obsoletos em menos de dois anos. O Reiki mostra-se cada vez mais adequado à era em que vivemos, que constitui um período de transição de um mundo de provação para um mundo de regeneração. Nesse contexto, muitas pessoas ainda necessitam se espiritualizar e se conectar com a Fonte, aproximando-se da sua essência e caminhando de forma mais harmoniosa neste plano. Reikianos, temos muito trabalho pela frente, seja para iniciar pessoas, seja para aplicar essa energia para curá-las, seja até mesmo para simplesmente despertar a necessidade de se buscar algo nesse sentido, apresentando um primeiro contato com essa energia para que os indivíduos procurem posteriormente uma iniciação.

O Reiki pode ser aplicado em qualquer ser vivo, ou seja, animais e plantas também se beneficiam dessa energia, até porque todos os seres vivos fazem parte da luz de Deus. É uma técnica fácil de ser aplicada nos animais, mesmo que o bicho seja bravo ou inquieto, a aplicação pode ser feita a distância. Até os objetos podem ser limpos com a energia Reiki, pois no seu campo magnético podem ficar – e ficam – impregnados com energias que são às vezes nocivas para nós.

É importante salientar que o Reiki tem um potencial inesgotável, e já ajudou muito, como comprovam várias histórias fantásticas de curas; porém, é necessário destacar que ele não se substitui à medicina tradicional, essencial em alguns casos, principalmente se falarmos de doenças em estado avançado e que já tenham comprometido o corpo físico. Nesses casos, o Reiki deve ser utilizado como medicina integrativa, auxiliando o tratamento da medicina tradicional. Assim, ajuda da mesma forma em todos os corpos, dando apoio emocional e oferecendo vitalidade à pessoa enferma.

O Reiki, as plantas e o ambiente

A primeira vez em que apliquei Reiki em um ser vivo que não fosse eu mesma aconteceu quando eu tinha oito anos. Tratava-se de uma flor cor-de-rosa, de cuja espécie não me recordo o nome. Foi uma experiência marcante e determinante em minha vida como reikiana, pois o resultado foi muito nítido e impressionante.

Morávamos em um belo apartamento, onde os meus pais davam festas com certa frequência e onde costumávamos receber muitas pessoas. Éramos uma família estruturada, bonita e de sucesso. Aos poucos, com o descuido da energia do lar, começou a haver desavenças entre os meus pais, pelo qual passamos por momentos difíceis. Acredito ter sido a pior época de minha vida, pois a minha família estava prestes a se separar.

O meu pai, na tentativa de amenizar a situação, ofereceu uma flor à minha mãe. De um dia para o outro, a planta murchou quase que por completo, provavelmente porque absorveu a negatividade que naquela fase estava presente em nossa casa. Quando acordei e vi a planta naquele estado, fiquei assustada e triste, pois ainda não sabia dessa capacidade das plantas de absorverem e de serem influenciadas por energias; eu não passava de uma criança. No entanto, tive a ideia de energizar a flor com as minhas mãos, já que me tinham dito, durante a minha recente iniciação no Reiki, que eu poderia curar através da imposição das mãos, e era tudo o que eu sabia fazer.

Naquela ocasião, o meu pai ainda não era reikiano, e acredito que essa experiência possa tê-lo tocado de forma significativa: além do fato de ele ter verificado melhorias em mim e na minha irmã após a iniciação, ele foi a única pessoa que assistiu à cena com a planta, estando presente antes, durante e depois da aplicação. Para minha surpresa e alegria, em questão de uma hora, a planta passou de muito debilitada a totalmente recuperada e ainda sobreviveu por mais algum tempo.

Tive outras experiências com plantas e Reiki; nesses casos, ao ver qualquer planta um pouco murcha ou debilitada, sentia que elas pediam para serem tocadas, que solicitavam atenção. De fato, atendendo a essas percepções de chamados, com cinco minutos de aplicação de energia Reiki elas apresentavam melhorias e uma vitalidade significativa.

Mas por que aquela planta que o meu pai tinha oferecido à minha mãe murchou em apenas um dia?

As plantas possuem capacidade de absorver a negatividade do ambiente. Por mais que seja triste vê-las morrer, foi uma forma que Deus nos deu de nos proteger, mantendo a nossa conexão com a natureza. A estrutura molecular da planta é mais sensível do que a dos seres humanos; por essa razão, a planta atua como um para-raios, recebendo o primeiro impacto das vibrações negativas.

Algumas plantas, além de absorverem a negatividade, têm a capacidade de transmutar energia negativa em positiva, como a arruda, a espada-de-são-jorge e a erva-de-guiné, por exemplo.

Essa diferenciação entre as plantas se deve ao fato de elas apresentarem diferentes níveis de sensibilidade e de resistência às energias nocivas ao ambiente e aos seres vivos. As plantas têm capacidade máxima de absorção de negatividade, quando elas secam e morrem, é porque essa capacidade chegou ao limite, indicando a negatividade do ambiente.

Arruda   Espada de São Jorge   Guiné

Sabe-se que o *Prana* dos hindus, energia vital que nos alimenta e nos dá saúde, sinônimo de *Mana* para os polinésios, de *Qi* para os chineses ou de *Ki* para os japoneses, é condensado pelas plantas, as quais absorvem apenas aquilo de que necessitam e emanam o restante para o ambiente. Por isso é sempre útil termos plantas no interior da casa, no jardim e também no local em que trabalhamos, pois elas vitalizam constantemente o ambiente, protegendo e até mesmo curando as pessoas à nossa volta ao absorver a negatividade.

Por serem ricas em Prana, as plantas, principalmente as que têm alta capacidade de absorção e de transmutação, são indicadas para uso em defumações, constituindo-se como uma poderosa fonte de limpeza de ambientes.

A manutenção da limpeza energética dos locais que usualmente frequentamos, principalmente a do nosso lar, é muito importante, pois facilita a percepção quando existem desequilíbrios e negatividade. Nesses casos, o ambiente se torna pesado, deixando as pessoas inquietas, incomodadas e, muitas vezes, gerando desavenças aos que estão ali presentes.

Podemos fazer limpezas e reenergizar ambientes com o Reiki. É nesse sentido que relato brevemente um episódio que vivi.

Eu ministrava aulas de Reiki Nível I na cidade de Campinas, São Paulo, por ser um dos meus primeiros cursos como mestre de Reiki, eu ainda utilizava uma sala no condomínio em que a minha mãe morava. Para divulgar o curso, colei cartazes em todos os blocos de apartamentos e também no condomínio vizinho. Um dia, estava eu e mais três alunos no curso, compenetrados na explicação, quando o intercomunicador tocou: era a porteira, que me informava de que uma mulher queria me conhecer e falar comigo. Refleti rapidamente e, pensando poder ser alguém que queria fazer o curso, mas tinha dúvidas, resolvi que poderia fazer um intervalo de dez minutos e recebê-la. Assim, ela foi autorizada a entrar no condomínio e esperar por mim perto da piscina até ao momento desse intervalo. Foi ingenuidade de minha parte, pois parto sempre do princípio de que as pessoas possuem boas intenções (a vida nos mostra que precisamos estar sempre alerta, como disse Jesus: "Orai e vigiai"). A mulher, uma senhora de aproximadamente 65 anos, vestida com roupas claras, invadiu a sala onde estávamos e lançou de forma invasiva: "Estou atrapalhando?" Levantei-me rapidamente e fui ter com a mulher, colocando-me entre ela e os alunos; indiquei onde era a área da piscina e disse que iria atendê-la dentro de momentos, já que, naquele instante, ainda estávamos compenetrados em uma parte importante do curso. No entanto, ela já tinha conseguido nos atrapalhar. Nos dez minutos seguintes do curso, a ênfase e a energia já não eram as mesmas. Quando me dirigi à piscina para dar atenção à mulher, fui surpreendida com um olhar agressivo, um riso irônico e a frase: "Também sou mestre de Reiki e só queria conhecê-la." Sem nem levar em conta o fato de que eu já fora iniciada em Reiki há 17 anos, além de ter estudado e praticado a técnica com o meu pai durante todo aquele tempo, ela começou a pôr à prova os meus conhecimentos na área, acabando por me dar o seu cartão de visita. Contudo, mantive a seriedade e a serenidade. Era evidente o seu desejo de me desestabilizar e de me desequilibrar: não apenas a mim, mas também ao meu curso. Conversei seriamente com ela e vi que sabia o que ela estava fazendo.

De volta à sala, os três alunos começaram a se queixar de dores de cabeça. O ambiente já se apresentava pesado. A primeira coisa a se fazer em situações de conflito, como costuma dizer o mestre Johnny De' Carli, é: "Mantenha a calma! Se mantiver a calma, metade do problema estará resolvido." A segunda coisa a fazer é limpar o ambiente; embora, naquele caso, ele já tivesse sido limpo e energizado antes do curso, já se revelava novamente preciso.

Como o curso estava em andamento, não seria possível refazer uma defumação. Por isso, como parte do conteúdo, reproduzi um vídeo para os alunos e, enquanto eles estavam concentrados, tracei os símbolos *Dai Koo Myo*, *Hon Sha Ze Sho Nem*, *Sei He Ki* e *Choku Rei*, imaginando-os a vibrar sobre a sala e visualizando uma bola dourada que envolvia a todos nós. Repetindo três vezes o nome de cada um dos presentes, pedi proteção contra qualquer pensamento ou qualquer corrente negativa, solicitei a limpeza do ambiente e também que os nossos mestres de Luz ali presentes nos dessem todas as condições para que o curso continuasse bem e os alunos permanecessem protegidos.

Quando o vídeo chegou ao fim, todos estavam animados e se sentiam bem novamente e sem dores de cabeça. A partir daí, tudo correu de forma tranquila e bem-sucedida até ao final do curso.

O Reiki e os endereços magnéticos

No episódio que relatei, os pensamentos emitidos por aquela mulher influenciaram o ambiente. Mas como podemos explicar isso? No livro *Mão de Luz*, Barbara Ann Brennan se refere a uma teoria física chamada "Teoria da Complementaridade", segundo a qual partículas e ondas se complementam e não se anulam, pois todas as partículas estão interligadas, formando ondas. Se tudo está interligado e possui um campo magnético, encontramo-nos, portanto, mergulhados em um espaço de energia. Da mesma forma que traçamos um endereço para o envio de Reiki a distância, igualmente o fazemos ao pensar em alguém e ao sentir alguma emoção.

No livro *Mãos de luz*, a autora mostra as auras de pessoas com emoções específicas. Quando alguém envia um pensamento de raiva a outra pessoa, por exemplo, mostra como a energia realmente segue o seu rumo até ao destinatário.

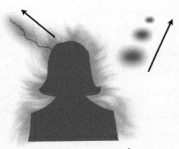
Raiva do ser expressada

Raiva interiorizada

Demonstração da raiva sendo interiorizada e emitida para outros.
(Fonte: Livro Mãos de Luz)

É importante ressaltar os efeitos da energia envolvida com a raiva; assim, observemos nessa figura a emoção da raiva a ser interiorizada ou enviada. Mesmo que a raiva seja enviada a um terceiro, ela irá se manifestar igualmente na aura do remetente.

A glândula pineal identificará tal energia e conduzirá as glândulas suprarrenais a liberarem adrenalina, atingindo todas as células do corpo da pessoa. De resto, serão afetados os pensamentos, as emoções e, por fim, o corpo físico

O Reiki e os animais

Como já foi dito anteriormente, os animais também podem receber aplicações de Reiki e se beneficiarem com isso. Eu tive algumas experiências práticas nesse sentido.

Bibi era uma cadelinha caniche. Sempre que eu fazia autoaplicação de Reiki, ela se aproximava de mim e colocava as patinhas sobre as minhas pernas ou subia para o meu colo, como se pedisse: "Faz em mim também?" Tratava-se de uma cadelinha com tendências depressivas; era perceptível que ela se sentia melhor após as aplicações de Reiki.

Quando Bibi era viva, adotamos a Lua, uma linda cadelinha vira-lata. Lua não pedia Reiki, mas foi iniciada no Nível I. Gostaria de enfatizar aqui que, até ser iniciada, Lua destruiu muitas portas, arranhando-as devido ao medo da chuva, de trovões ou de fogos de artifício. Ela ainda tem medo, mas agora eles se revelam menos intensos, o que permite que Lua mantenha a calma durante esses episódios. Comportamentos como a abertura excessiva da boca e respiração exageradamente ofegante em momentos de desespero com a mudança da temperatura foram se tornando cada vez menos frequentes.

Sabe-se que os cães têm os nossos sete chakras principais e um oitavo chacra localizado acima dos ombros, chamado Chacra Braquial ou Chacra Chave. Este último é tido como o principal centro de energia dos animais, aquele que faz interagir animais e homens (uma alta interação entre um animal e o seu dono faz esse chacra vibrar); além disso, é o canal de acesso e de energização dos demais chakras. Já os *bud chakras* (seis chakras em botão) estão localizados nas patas e na base das orelhas dos animais, conectando-os com a energia da Terra e tornando-os extremamente sensíveis às vibrações energéticas. À luz disto, podemos compreender melhor o comportamento de Lua em tempestades, por exemplo.

Os animais, ao sentirem um foco de energia positiva, deitam-se sobre esse local e absorvem a energia através do Chacra da Raiz e do Chacra Solar que, assim como o Chacra da Coroa, são abertos na ocasião do nascimento do animal e permanecem assim até à sua morte. Por outro lado, os demais chakras dependem de estímulos; é exatamente por isso que alguns animais tendem a se esfregar nas pessoas ou nas paredes.

1. Chakra Base
2. Chakra Sacral
3. Chakra Abdominal Central
4. Chakra do Coração
5. Chakra da Garganta
6. Chakra da Fronte
7. Chakra da Coroa
8. Chakra Braquial

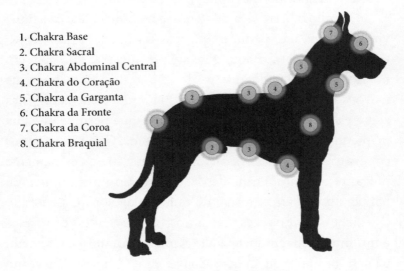

Demonstração dos chacras nos animais.
(Fonte: http://passarinhosnotelhado.blogspot.com.br acessado em 20/01/2013)

O Reiki, os objetos e os alimentos

Relembrando a Teoria da Relatividade, tudo é energia. A matéria é energia condensada na qual os elétrons perdem velocidade e os núcleos se unem. Os objetos, portanto, são detentores de um campo magnético, como costuma dizer o meu pai, "como se fosse à luz de uma vela", e certas pessoas até conseguem vê-lo. Barbara Brennan descreve com detalhes essa capacidade que ela própria tem e sobre a qual tem muita clareza.

Com o avanço dos meus estudos e com a dedicação prática a esse tema, fui desenvolvendo e ampliando certa capacidade de ver o campo magnético de pessoas e até mesmo de objetos, que absorvem energias tanto positivas quanto negativas, pois são matérias.

É possível sentir nitidamente essa energia em alguns objetos, principalmente ao pegá-los nas mãos. Em pedras e em cristais podemos sentir a energia com mais facilidade, pois elas são tão duras que o seu campo magnético é bastante estável. Ao utilizar os cristais, eles trazem o nosso campo enérgico para a vibração do campo deles.

Se ainda não teve essa experiência de percepção, tente pegar uma pedra que caiba na palma da sua mão fechada, que seja proveniente de um local natural (de mata ou de um parque, por exemplo), e outra pedra oriunda de um ambiente urbano (de vaso ou de jardim interior). Ao fechar os olhos e direcionar toda a sua atenção para as pedras nas suas mãos, será possível sentir percepções advindas de cada uma delas e identificar a diferença de vitalidade e de energia presentes.

Durante os sete meses do curso de mestrado de Reiki que fiz com o meu pai, aprendi as 21 técnicas japonesas de Reiki (técnicas publicadas no livro *Reiki: Sistema Tradicional*

Japonês, de Johnny De' Carli). Uma delas, a *Jaki-Kiri-Jhoka-Ho*, é utilizada para limpar energias más e eliminar ondas negativas fixadas há muito tempo, harmonizando e purificando objetos.

Quando assisti pela primeira vez a uma de suas aulas, eu e muitos alunos presentes usávamos óculos de grau. Como os meus estavam bastante tortos, decidi aplicar essa técnica neles. Para minha surpresa, após a prática, os meus óculos estavam quase perfeitos – e não apenas os meus, mas também os dos demais alunos. Todos sentimos certa leveza ao colocá-los de volta no rosto, a diferença era realmente incrível e até passei mais dois anos sem ter de comprar óculos novos.

Da mesma forma que os objetos se impregnam de negatividade, eles se energizam com positividade, sendo, portanto, necessária a aplicação de Reiki para a sua limpeza e para sua energização. Isso é feito com frequência nos cristais utilizados em atendimentos, por exemplo.

É importante ressaltar que os objetos feitos artesanalmente tendem a ter boa energia, pois o artesão gosta do que faz, dedica o seu tempo e coloca o seu amor na produção das peças.

Acredito nisso porque vivi esse sentimento ao criar marcadores de livros personalizados, simplesmente por querer um novo passatempo e também por querer depositar a minha energia na produção de algo que me desse prazer. Não tive professores, fui descobrindo tudo o que precisava sozinha, passo a passo, aperfeiçoando os marcadores ao longo do tempo.

Nesse processo de aprendizagem e de desenvolvimento, pude igualmente sentir muitas vezes a presença de mentores durante a confecção dos marcadores, e até durante a compra dos materiais, acabando por encontrar lojas escondidas que tinham exatamente o material que eu procurava.

De início, os marcadores foram produzidos e oferecidos aos meus amigos e aos meus familiares; porém, quando começaram a se acumular devido ao aumento da produção, precisei começar a vendê-los para que eu pudesse continuar a confeccioná-los. Assim, muitos alunos do meu pai passaram a comprar os marcadores durante os cursos que ele ministrava.

O que percebi com clareza foi que, quando previamente eu lhes aplicava Reiki, as vendas ocorriam mais rapidamente.

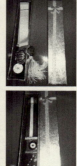

Marcadores de livro criados e confeccionados por mim.

Assim como os objetos, os alimentos também captam energia, mas de forma muito mais fácil de impregnação tanto positiva quanto negativa, pois eles são preparados pelas mãos das pessoas.

A energia do nosso corpo sai principalmente pelos olhos, pela boca e pelas mãos; quando cozinhamos, olhamos e mexemos nos alimentos. Já me aconteceu de preparar um prato bastante colorido em um restaurante self-service e, ao alimentar-me, sentir de imediato que a comida não me caia bem. Resolvi então aplicar energia Reiki nos alimentos e rapidamente senti a vitalização do prato, podendo comê-lo sem ter uma indigestão.

Com dedicação e prática, é possível sentir a energia dos alimentos facilmente. Torna-se nítida a maior vitalidade dos vegetais pouco processados em relação aos alimentos que vão, por exemplo, ao lume e são temperados com condimentos industrializados. Quanto mais aplicar Reiki em si mesmo, nas pessoas, nos animais, nas plantas, mais vai desenvolver a sua capacidade de sentir os campos magnéticos. Não crie expectativas: quando menos esperar, vai perceber que desenvolveu uma nova habilidade. Algumas pessoas já nascem com tal capacidade, mas são minoria. Os talentos podem ser inatos, mas as competências são desenvolvidas e todos nós somos seres divinos e podemos desenvolver essa sensibilidade através das mãos e até do nosso próprio corpo – basta querer e praticar.

Técnicas associadas: Ho'oponopono, Mindfulness e Reiki

Ho'oponopono (Princípios Kahunas) e Mindfulness

Kahuna era o nome dado aos antigos xamãs havaianos que compreendiam o segredo da existência terrena e tinham poderes alinhados com as forças da natureza, tendo como filosofia de vida a prática do Ho'oponopono. Existem alguns princípios dessa sabedoria tribal milenar que foram recuperados principalmente por meio de estudos sobre a linguagem havaiana e os polinésios.

O Mindfulness está totalmente de acordo com os Princípios Kahunas, base do Ho'oponopono, como explicado no livro *Ho'oponopono – Método de Autocura Havaiano*. Compreendamos, então, os Princípios Kahunas pelo prisma do Mindfulness.

1º Princípio
O mundo é o que pensamos que Ele é (IKE)

Esse princípio mostra que a nossa cultura, o meio em que estamos inseridos, as nossas memórias, traumas, aprendizados e crenças se comportam como preconceitos que acabamos por admitir como a nossa verdade. Essa verdade é mutável; pelo menos uma vez na vida, todos nós já mudamos de opinião sobre alguma coisa. Quando mudamos um conceito, mudamos a nossa posição sobre algo no mundo, assumimos uma verdade, às vezes com toda a força, e um dia, de repente, essa verdade deixa de existir. As mudanças de opinião se dão principalmente a partir do momento em que nos tornamos conscientes da realidade que antes considerávamos desconhecida, ou então, por a nossa capacidade de percepção estar nebulosa. Nem sempre estamos preparados para compreender algo. A percepção nebulosa tem lugar quando não se aquieta o corpo mental para melhor compreensão. Quando queremos impor a nossa opinião a qualquer custo ou sem aceitação, estamos vivendo a imposição do ego; aquilo em que acreditamos se torna a nossa realidade.

O Mindfulness tem a premissa de não julgar, não analisar, não criticar ou não contextualizar, mas, sim, simplesmente aceitar os fatos como eles se apresentam. Convidamos a sua atenção à sua respiração, o que o remeterá para o seu centro de força, alinhando-o e afastando-o da sua mente, que cria realidades que nem sempre são verdadeiras. Dessa forma, permitimo-nos SER e ESTAR, e nada mais criar a partir dos nossos pensamentos. O ponto de vista de cada um, de acordo com a fenomenologia, é apenas a visão de um dos pontos. O outro ponto terá outra visão, pois passou por outras experiências, ou então, um mesmo ponto pode ser visto de diferentes prismas, apresentando várias facetas.

Com base nesse conceito fenomenológico da questão do ponto de vista, podemos imaginar como nos confundimos ao analisar os fatos a partir da nossa própria verdade, sem, na maioria dos casos, saber ou compreender a verdade do outro. Não sabemos como é ser o outro; só podemos ter certeza do que é sermos nós mesmos. A probabilidade de cometer um equívoco é imensa. Imagine quantos mal-entendidos e quantos problemas de relacionamento acabam por se formar!

Ficamos confusos com a nossa própria verdade. Muitas vezes não temos visão clara do nosso ser, mesmo com a consciência já expandida. Em certos momentos, por estarmos tão imersos nas situações, envolvidos pelas emoções e pelos pensamentos associados a tal experiência, temos problemas de discernimento. Se precisamos de tempo para alcançarmos uma compreensão de nós mesmos – em alguns casos, anos ou até uma vida inteira –, imagine como podemos errar ao querer contextualizar o outro.

O melhor é aceitar os fatos tal como se apresentam e assim, não entrarmos em conflito com o que não podemos mudar. Se isso acontecer, acabamos por dar mais força ao problema. Por isso, o Ho'oponopono pode enriquecer muito a prática do Mindfulness: treinamos a mente a se voltar para o momento presente e a desenvolver a atenção plena. Quando percebemos que estamos em um diálogo interno insistente, que temos algum problema de relacionamento ou que precisamos de fato resolver algo, é o momento de repetir o mantra do Ho'oponopono e/ou de praticar a técnica da redução do Reiki.

No Mindfulness, a aceitação é essencial; no Ho'oponopono, o perdão é essencial. E, nas três técnicas, confiar é fundamental. A aceitação e o perdão têm muitas afinidades, pois o perdão não deixa de ser uma aceitação e vice-versa. No Mindfulness, focamo-nos no momento presente, nos fatos, trazemos a nossa atenção para o nosso centro de força e aguardamos que a ação correta surja naturalmente. Ao agir conforme o Ho'oponopono estará sempre no bom caminho. Se unir o Ho'oponopono e o Mindfulness, estará mais enraizado para receber os insights quanto ao que deve fazer, o mundo será o que se apresenta permitindo que aja com sabedoria perante os fatos, evitando qualquer criação desequilibrada.

2º Princípio
Não há limites (KALA)

Vivemos em uma rede em que existem muitos pormenores. Primeiro, somos consciência, e nos manifestamos de forma simultânea ao físico, ao emocional, ao mental e ao espiritual. Estamos conectados com o nosso meio social por meio de ligações energéticas e, principalmente, estamos ligados aos nossos ancestrais. Essa ligação é como uma raiz aqui na Terra, onde as histórias ficam marcadas dentro das nossas células e acabamos por repetir padrões dos nossos ancestrais ou de nós mesmos. Isso pode trazer muito sofrimento; é comum os indivíduos se perguntarem da razão de certos acontecimentos em suas vidas. Se as coisas não correm como gostaria ou se você não consegue encontrar uma explicação para os problemas, a probabilidade de se tratar de uma memória antiga de outras vidas – não somente dessa vida – é de praticamente cem por cento.

De nada serve ficarmos presos às dores, tal como não vale a pena fingir que elas não existem. É preciso perceber as emoções e os pensamentos, aceitá-los e trazer o foco para o agora. Como o agora é o nosso momento de poder, é nesta vida que temos a oportunidade de purificar os nossos padrões sistêmicos, no qual tudo está interligado e não há limites; o que torna possível aceder a memórias passadas que acabam por se fazer passar por presentes. Esses são os padrões do nosso sistema. Se regredirmos sete gerações, trata-se de seis mil pessoas interligadas, compartilhando memórias e repetindo padrões. Hoje, na Era da Informação, temos a possibilidade de nos purificar e, consequentemente, a de purificar a todos os que estão interligados nessas memórias. Dessa maneira, eleva-se ainda mais a consciência, purificando e unindo-se a um Todo mais evoluído para atingir um novo momento do Planeta. Com o Ho'oponopono nem sempre ficamos conscientes das causas, mas a técnica consegue limpar e trazer leveza. Só o fato de conseguir trazer à consciência algum aspecto até então inconsciente, acaba por ajudar no processo. A mudança começa a acontecer quando se acessa as histórias. Comece pelo Ho'oponopono nos assuntos que o magoam; essa técnica vai lhe mostrar o caminho a seguir, trazendo as pessoas certas para perto, basta manter-se fiel ao Mindfulness, com atenção, consciência e confiança.

3º Princípio
A energia segue o fluxo do pensamento (MAKIA)

Como menciono em meu livro *Ho'oponopono: Método de Autocura Havaiano*, uma vez que tudo é energia, até os nossos pensamentos, se nos concentrarmos em determinado pensamento, o fluxo energético estará sincronizado com ele e a nossa atenção seguirá esse fluxo energético. O nosso foco está onde estão os nossos pensamentos e a nossa energia. Não há como separar a energia do pensamento, pois um é intrínseco ao outro. E como o foco é o pensamento, estaremos depositando nele toda a nossa energia vital e formando um fluxo de energia; dessa forma os dois caminham juntos.

No Mindfulness, por mais que a respiração seja um dos principais foco da prática, com o objetivo de sempre trazer a questão para o momento presente, é possível, também, obter resultados com a concentração da sua mente na inspiração, na expiração e no movimento do abdômen, tornando-se capaz de receber a energia vital de seu pensamento, por meio da respiração, fortalecendo a sua energização e a de outras pessoas. Isso tanto é um fato que o foco na respiração é utilizado no Reiki para aumentar o fluxo energético. Caso a sua mente mude de foco, naturalmente ela entrará no modo automático de respiração.

Quando convidamos a nossa atenção a se voltar para a respiração e para o movimento abdominal, estamos de fato trazendo energia para o Plexo Solar, o nosso centro de força, o que nos fortalece perante as situações que se apresentarem, inclusive os desafios.

A nossa atenção, portanto, ou deriva de um foco da nossa mente ou segue a um fluxo energético existente, no qual torna a ser o foco. Esse fluxo energético pode tomar a atenção por vivermos em um campo em que tudo está interligado e no qual existem várias mentes funcionando e criando ao mesmo tempo.

Estando cientes de tudo isso, e se a nossa prioridade é a de evoluirmos, faz sentido depositar energia e atenção na nossa vida, energizando-a e desenvolvendo o próprio caminho nas suas diferentes áreas, como no nosso bem-estar, na saúde, na parte familiar, profissional e social. Utilizamos a energia que está disponível para nós no presente por meio de nossas ações e de nossos pensamentos. Torna-se evidente como o foco e o direcionamento do pensamento é importante para que as coisas aconteçam, bem como a importância das técnicas de Mindfulness, de Ho'oponopono e de Reiki.

4º Princípio
O seu momento de poder é agora (MANAWA)

O ontem já passou e entrou para a história. Se deixou marcas e dores, essas cargas podem ser trabalhadas com o Ho'oponopono e com o Reiki para serem transmutadas, mas com o intuito de se desapegar delas, de deixá-las partir, aceitando o passado e perdoando a si mesmo e aos outros, para encontrar leveza e liberdade na vida. O amanhã é um mistério: tentamos prever o futuro, mas na prática, quase nunca acontece o que imaginámos. E o agora?

O agora é o momento em que podemos vivenciar tudo. É no agora que podemos sentir o ambiente, tocar as coisas e as pessoas, ouvir música, cozinhar, escrever, pintar, trabalhar, limpar, comprar um ingresso para um filme ou um espetáculo. Tudo acontece no agora. Embora o agora seja tão rápido, ele está sempre presente e com uma nova oportunidade de se fazer algo.

O que pensamos determina as nossas emoções a cada momento. Como o pensamento está na quarta dimensão (assim como a luz, que possui a velocidade de 300 mil quilômetros por segundo, na dimensão-espaço), ele viaja no tempo e pode aceder a memórias passadas. Com o pensamento, podemos lembrar de coisas agradáveis ou não, desconectando-se do instante presente, o único momento em que se pode realmente construir algo a partir da energia disponível a cada momento. Se andar sempre pensando no passado ou no futuro, a sua energia reforça memórias e projeta incertezas, trazendo angústias e ansiedades. É preciso pensar no passado e no futuro com sabedoria.

Pensar no passado conscientemente tem algumas funções, como limpeza, avaliação e ancoragem de bons momentos, inundando o corpo com boas emoções de alegria. Pensar no futuro serve para planejar e direcionar as ações no agora. Ao se desviar muito disso, poderá perder tempo e energia. Mesmo que aceda a outros tempos, volte sempre para o agora.

Tudo aquilo de que precisa nesse momento é o que está vivenciando no presente. O Mindfulness consiste em vivenciar uma experiência sem desejar que fosse diferente. Aceitamos cada experiência compreendendo melhor a razão de ela estar na nossa vida. Se for uma emoção, aceite e procure entender a mensagem subjacente e traga novamente a sua atenção para o momento presente.

A respiração nos traz para o nosso centro de força e para o agora, e é isso que faz o Mindfulness. Quando se está centrado, alinha-se e fica no seu momento de poder, o quarto princípio do Ho'oponopono. O agora é quando podemos utilizar a energia vital que está presente para transformar e construir. Foi isso que me levou a fazer artesanato aos 22 anos, a mesma idade em que fui iniciada mestre de Reiki. Eu queria ver a minha energia transformar literalmente a matéria, criar algo, queria depositar energia em algo concreto.

5º Princípio
Amar é compartilhar (ALOHA)

A palavra *Aloha* possui mais de um significado, que vai desde um cumprimento a uma despedida, podendo também significar um sentimento de compaixão. Mas ainda quer dizer muito mais do que isso: é uma filosofia de vida, um estado de espírito que emana amor, indulgência, energia vital para tudo e para todos, e que é direcionada por meio da palavra.

Quando dizemos *Aloha*, é como se estivéssemos abençoando alguém ou algo. É como se emanássemos energia de amor, por isso, a expressão é utilizada como prática de purificação. Pode-se dizer *Aloha* à uma sala de alunos ou à uma cadeira com a intenção de purificar o ambiente ou o objeto. Ou para alguém, com a intenção de solucionar um problema.

O amor é um estado de espírito. Quando o indivíduo tem amor dentro de si, pode doá-lo ao outro. Em contrapartida, quando a pessoa é carente de amor, talvez por não o ter recebido, tem dificuldade em amar. Muitas vezes, é difícil aceitar essa carência, porque ela pode vir do fato de os pais dessa pessoa não saberem amar e, portanto, mesmo que acreditem ter feito o seu melhor, não souberam, em momentos essenciais da formação do filho, alimentá-lo com amor. Esse défice é mais comum do que parece. Nos mapas de numerologia cabalística percebo que mais de 90% das pessoas têm o "amar" como uma das lições a aprender.

Praticando o Mindfulness, passa-se a não criar o diálogo interno que gera emoções, angústias e falsas verdades. Ao analisar, julgar ou avaliar o diferente se apresenta como distante, criam-se separações, o que traz distanciamento e caos, pois um não se vê uno com o outro. A Unidade é o Amor. Quando julgamos, o espaço aumenta e o amor diminui. Quando analisamos demasiadamente, estamos nos apoiando em experiências passadas que nem sempre vão se encaixar perfeitamente no contexto atual, ou então nos baseamos em crenças, regras e leis, além de não criar espaço para a compreensão do outro. Portanto, *Aloha* é a aceitação das diferenças. É aceitar o outro tal como ele se apresenta e compartilhar aquilo de que precisa nesse momento, desde que seja com a energia do amor. Talvez aquilo que o outro necessita não seja considerado como importante por nós.

Como disse, a aceitação é algo essencial no Mindfulness. Mais uma vez, vemos que essa técnica está alinhada com o Ho'oponopono.

6º Princípio
Todo o poder vem de dentro (MANA)

Partindo do princípio de que o pensamento está orientado e consciente, e compreendendo que ele é uma energia disponível no presente, pense nas suas metas, visualize-as com o propósito de alimentar essa realidade na sua vida e oriente as suas ações no presente em direção a elas. Quando temos intenção real, criamos vibrações no campo quântico. Quanto mais desejarmos e orientarmos as nossas ações de maneira consistente no presente, maior a probabilidade de sucesso. Regue os seus sonhos com os desejos que unem o seu pensamento, as suas emoções e a sua determinação que constrói por meio da ação. Assim, energize-se e cocrie a sua vida. O poder está em você; só precisa apoderar-se dele. Os pensamentos são como a água que rega uma semente e a faz crescer. Se aprender a lidar com isso, vai inundar o campo quântico a seu favor. Tenha sabedoria nos seus pensamentos e escolha sempre um caminho de amor.

7º Princípio
A eficácia é a medida da verdade (PONO)

Podemos perceber rapidamente o efeito do Mindfulness. A prática não só se mostra eficaz como é uma verdade que pode ser utilizada por todos. Veja a seguir uma forma de se utilizar essa prática simultaneamente a outras técnicas eficientes, como o Ho'oponopono e o Reiki, por exemplo. Acerca de determinados assuntos, talvez seja preciso usar diferentes ferramentas, mas pode sempre aplicar o conceito de plena consciência e mente presente. E, se identificar emoções e pensamentos dolorosos, deve seguir o processo Mindfulness de aceitação e não de julgamento, tentando compreender o que se apresenta e sempre aplicando Reiki e Ho'oponopono. No entanto, há a possibilidade de não se identificar com tais emoções e tais pensamentos. A questão aqui é que existem laços com antepassados ou com vidas passadas que são verdadeiros nós energéticos que nos influenciam atualmente. Por isso, proponho a utilização do Mindfulness conjuntamente a outras técnicas, para que esses laços sejam desfeitos e cada vez mais se avance de maneira leve e plena. O contato com o passado seria apenas para fins funcionais, para a evolução, e não para ficar preso a ele. Devemos, nesse sentido, continuar sempre o treino de autorregulação da atenção para o que estiver acontecendo no momento presente. Agora o convido a experimentar o Mindfulness para descobrir a sua eficácia instantânea.

PRÁTICA

- Deite-se em um ambiente tranquilo no qual não será incomodado.
- Entre em contato com o seu corpo, sentindo cada parte dele, da cabeça aos pés.
- Perceba o peso do seu corpo onde estiver deitado e as sensações de tal contato.
- Depois de sentir o seu corpo, convide a sua atenção a voltar-se para a respiração.
- Quando surgirem pensamentos, aceite-os e não se apegue a eles; deixe-os passar como nuvens.
- Convide novamente a sua atenção a voltar-se para a respiração.
- É mais fácil focar no abdômen do que na cabeça, onde a mente vai querer naturalmente pensar. Faça o teste.

> **OBJETIVO DESTA PRÁTICA**
>
> Depois de relaxar, perceba a eficácia do Mindfulness ao vivenciar a atenção na respiração abdominal e quando a atenção se volta para a mente. Quanto mais se concentrar no abdômen, mais sucesso terá na sua prática.

Ho'oponopono e Reiki

Quando passamos a buscar o nosso próprio eu, estudando qualquer religião ou qualquer técnica para desenvolver o autoconhecimento e/ou para trabalhar o nosso equilíbrio, se entrarmos em contato com mais de uma área, perceberemos que existem diferentes formas de explicar a mesma coisa. O trabalho e a busca do Eu levam ao mesmo lugar, isto é, ao autoconhecimento, à expansão de consciência, à paz e ao amor interior e exterior, bem como às concretizações. São diversos nomes para as mesmas energias, diferentes processos com o mesmo objetivo. E esse leque de opções de caminhos é importante, pois cada pessoa se identifica com a busca de determinada maneira, podendo até escolher vários caminhos, complementando o seu conhecimento.

No meu caso, iniciei-me no Reiki aos oito anos e tornei-me mestre de Reiki aos 22, mas, mesmo antes dos oito anos eu já era levada a centros espíritas de diferentes linhagens, estudava os Evangelhos em casa, frequentava encontros budistas da linhagem do Nitiren Daishonin e grupos de meditação, e fui iniciada no xamanismo (prática a qual voltei com força, após o início do relacionamento com o meu marido). Mergulhei nos estudos e nas práticas, por exemplo, do Ho'oponopono, da Cabala, do Mindfulness, além de ter desenvolvido grande paixão pelo Tarô, pelos Cristais, pelos

Anjos e pela Numerologia Cabalística, principalmente do ponto de vista terapêutico.

Não pude deixar de notar, em diversas situações, que estava estudando uma área do conhecimento que podia ser relacionada com outra. Já escrevi sobre isso no meu livro *Ho'oponopono: Método de Autocura Havaiano*, quando falo da nossa energia vital e da energia de Deus. Com isso, obviamente, conjugo os conhecimentos do Reiki e do Ho'oponopono, duas grandes áreas da minha vida.

Muitos reikianos passam a utilizar o Ho'oponopono nas suas auto aplicações ou em atendimentos e acabam por perceber como essa técnica potencializa o fluxo energético do Reiki, além de auxiliar no fortalecimento da intenção e na concentração do atendimento, o que intensifica o resultado da cura.

Comecei a ensinar o Ho'oponopono nos cursos de Reiki de Nível 3-A. Na linhagem que sigo do Reiki, Sistema Tradicional Japonês, Osho-Neo Reiki e Tibetano, dividimos o Nível 3 em dois módulos, para que as pessoas que não têm interesse em iniciar novos reikianos possam receber um símbolo poderoso ligado ao corpo espiritual. Portanto, o Nível 3-A é aquele em que o indivíduo se realiza como reikiano e recebe o símbolo *Dai Koo Myo* (pronúncia: *daicomiô*), e o Nível 3-B é aquele em que se recebe os símbolos necessários para iniciar outras pessoas no Reiki, e também é o nível em que nos preparamos para sermos mestres em Reiki, aprofundando as técnicas e os estudos.

Mas por qual razão ensino Ho'oponopono no Nível 3-A e não no Nível 2?

Agora vamos entender a relação que existe entre o Ho'oponopono e o Reiki, sendo particularmente mais forte no Nível 3-A.

Antes, observe o diagrama seguinte para se orientar. Veja a mente inconsciente, consciente e superconsciente, ligadas à Fonte Divina.

Diagrama I: Representação dos 3 Eus no estado do vácuo, do vazio

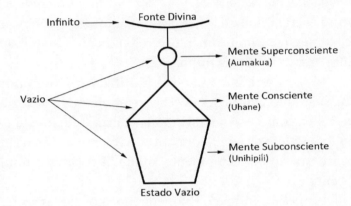

Para quem ainda não é reikiano, observe a seguir, detalhadamente, quatro símbolos do Reiki. Procure se familiarizar com eles e perceba a ligação que existe entre as duas técnicas:

Choku Rei   Sei He Ki   Hon Sha Ze Sho Nen   Dai Koo Myo

O *Choku Rei* é o primeiro símbolo que ensinamos no Reiki e, apesar de parecer simples, é fundamental para a aplicação de energia e para a proteção do reikiano. Por todas as suas funções, é o símbolo que mais utilizamos, sobretudo por ser sempre combinado com os outros símbolos que veremos a seguir. Porém, em si, ele é independente: não depende de outro símbolo para funcionar. É um amplificador e um ativador de energia, sendo o símbolo mais poderoso do grupo.

Choku Rei significa "Energia Cósmica Universal Aqui e Agora" e tem o apelido de "Interruptor de Luz", pois ele nos conecta diretamente com a Energia Primordial Cósmica, trazendo energia de outros planos dimensionais para o mundo físico. É o primeiro passo ao longo do caminho, é o estágio inicial. Além de nos ligar à Fonte, faz conexão com a Terra e com o magnetismo do Planeta. Esse símbolo relaciona-se com o elemento Terra e atua equilibrando o nosso primeiro corpo, o corpo físico e duplo etérico.

Sei He Ki, o segundo símbolo do Reiki, refere-se ao corpo emocional e atua atraindo as emoções negativas. Quando somado ao *Choku Rei*, transmuta as emoções inferiores e harmoniza-as. Quando utilizamos o *Sei He Ki*, concentramos a energia no corpo emocional que, na maioria dos casos, é a chave do sucesso da recuperação. Fato esse que se deve ao símbolo *Sei He Ki* nos ligar ao magnetismo da Lua e ao elemento Água, que está ligado ao Chacra Umbilical, referente às emoções. Sabe-se que 90% das causas das doenças são de origem psicossomática; emoções como culpa, medo, insegurança, raiva, ódio, mágoa, solidão, pena, frustrações, depressão e crises nervosas são extremamente nocivas para a saúde, pois podem causar conflito sensorial, de emoções ou de memórias, para as nossas lembranças.

Hon Sha Ze Sho Nen é o terceiro símbolo e refere-se ao corpo mental, à nossa mente consciente. Esse símbolo está ligado à energia do Sol e ao elemento Fogo, que emitem luz que se propaga a 300 mil quilômetros por segundo. Quando a energia entra na vibração do *Hon Sha Ze Sho Nen* e do corpo mental, ou seja, na vibração dos pensamentos, ela pode propagar-se como a luz. A luz e o som estão na quarta dimensão, e, de acordo com Albert Einstein, não existe tempo ou espaço linear, portanto, esse símbolo vai além da nossa compreensão lógica, pois pode ser utilizado para enviar energia a distância, independentemente de onde o praticante e o receptor estiverem. É o símbolo que nos ajuda a aplicar energia em animais e em crianças agitadas, uma vez que podemos lhes enviar energia a distância, não precisando tocá-los diretamente.

O *Dai Koo Myo* é um símbolo-mestre que potencializa todos os outros símbolos recebidos no Nível 2 do Reiki e aumenta em muito o fluxo energético que canalizamos através do Chacra Coronário. Ele é aplicado principalmente pela imposição das mãos. *Daí o Koo Myo* também pode ser chamado de "Mestre dos símbolos" ou "Símbolo da Realização". Significa "aumento de poder" e pode ser traduzido como "levando-nos de volta para Deus" ou "Deus (Grande Ser do Universo), brilha sobre mim e sê meu amigo". Essencial em todas as iniciações para fazer com que nos liguemos à Divindade e que as nossas mãos estejam ligadas às mãos de Deus, podendo, dessa forma, atuar divinamente sobre outras pessoas. É o símbolo que está ligado ao nosso corpo espiritual, ao nosso espírito, à nossa alma, e pode ser utilizado para a nossa proteção pessoal, pois nos vestimos dele etericamente. É ainda essencial para a proteção espiritual durante os atendimentos, desde a proteção do terapeuta até a do seu local de trabalho, pois o reikiano estará conectado com o seu Eu superior e as manifestações no cliente durante a sessão.

A seguir, cito uma explicação sobre o *Dai Koo Myo* formulada pelo meu pai, o mestre de Reiki Johnny De' Carli, para que perceba melhor aonde quero chegar:

> O Dai Koo Myo é o símbolo de tratamento e de resgate da alma (corpo espiritual) e visa a sua libertação dos ciclos reencarnatórios, conforme prega o budismo. Torna a sessão muito mais poderosa, a ponto de sanar o mal que está na fonte superior, a causa primeira. Opera transformações profundas no receptor. Chegamos a presenciar verdadeiros milagres durante e após as sessões de Reiki. Segundo a minha percepção, é uma das energias terapêuticas mais potentes de que dispomos no Planeta Terra e, sem dúvida alguma, uma das mais positivas.
>
> O nosso corpo espiritual tem uma sabedoria que ultrapassa em muito o intelecto médio. Esse corpo retém todo o conhecimento desde o início da sua criação e carrega a infinita sabedoria da Divindade. O Dai Koo Myo vai diretamente à energia da Fonte, ligando a pessoa receptora a essa energia. Traz sabedoria ilimitada por meio da manifestação da Divindade no plano físico. A sua utilização permite uma conexão imediata entre o Eu físico (finito) e o Eu superior (infinito). Logo, o seu uso é indispensável durante os rituais de sintonização de novos reikianos. O Dai Koo Myo nos coloca em contato com energias de alta frequência, acelerando as partículas energéticas do nosso corpo e do campo vibracional à nossa volta, limpando de imediato todos os canais sutis que servem de condução à energia Reiki.

Obrigada, pai, pela bela explicação.

Agora, aproveitando todas essas informações, vejamos o que tem o Reiki a ver com o Ho'oponopono.

Com a visualização da figura a seguir é possível compreender melhor a relação entre as duas técnicas:

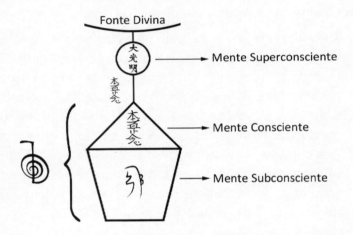

Como vimos, o *Choku Rei*, como o primeiro símbolo que aprendemos no Reiki, é muito importante. Ele é utilizado para ativar o fluxo energético, dar movimento às energias, transmutar e proteger o praticante e os ambientes e, para resultados mais profundos, o *Choku Rei* é utilizado conjuntamente a outros símbolos. Sozinho, refere-se ao corpo físico de tal forma que, a sua proteção abrange tanto o praticante fisicamente, como o ambiente físico, ambos de forma energética. Assim, *Choku Rei* se relaciona com as mentes consciente e subconsciente que pertencem ao ser humano. Apesar de a consciência estar fora do corpo, essas duas mentes estão entrelaçadas com o nosso corpo físico, e não presas a ele. Ao decidir praticar o Ho'oponopono, a sua mente consciente *Uhane* vai começar o processo e há de posicionar o seu corpo físico para uma respiração e/ou meditação.

Sei He Ki, que como vimos é o segundo símbolo, refere-se ao corpo emocional e aos aspectos inconscientes, portanto, é relacionado com a mente inconsciente *Unihipili*, que é a parte da mente que possui os registros das emoções, dos traumas e da mente reativa.

O *Hon Sha Ze Sho Nen*, posicionado como terceiro símbolo, tem mais de uma função; tratar o corpo mental, como as doenças psiquiátricas, e enviar energia a distância, pois abre um portal para a quarta dimensão. Os pensamentos do corpo mental estão na quarta dimensão e fazem ponte entre nós e o nosso Eu superior, e isso torna-se nítido entre a ligação de *Uhane* e *Aumakua* no diagrama apresentado.

No Ho'oponopono, chamamos *Aumakua* ao Eu superior, a nossa mente superconsciente que é ligada diretamente à Fonte, à Divindade, que é o campo de todas as possibilidades e que tem toda a Inteligência Divina. O Eu superior ou *Aumakua* carrega todas as informações da criação e também as informações particulares de cada ser humano, ou seja, o Eu superior entende a criação e possui toda a memória e o registro da vida ao longo das encarnações. Além disso, está conectado com os Eus superiores dos outros seres humanos, dos nossos familiares, amigos e conhecidos. *Aumakua* não está na mesma dimensão que o nosso Eu quotidiano (*Uhane* e *Unihipili*), por isso consegue estar conectado diretamente com a Fonte e também aceder a informações do passado e do futuro, já que o tempo pertence à terceira dimensão em que vivemos.

Consegue perceber alguma semelhança entre as explicações? O *Dai Koo Myo* do Reiki acede ao corpo vibracional espiritual, a nossa alma, que é o *Aumakua* para o Ho'oponopono, o Eu superior. Na explicação de Johnny De' Carli, vemos que o nosso corpo espiritual (*Aumakua*) tem uma sabedoria que ultrapassa o intelecto médio (chamado *Uhane* no Ho'oponopono), isso acontece devido ao corpo espiritual estar ligado diretamente à Fonte, trazendo toda a sua sabedoria de criação. E por essa ligação, um reikiano que aceda ao Eu superior, ou *Aumakua*, consegue aumentar em muito o seu fluxo energético, conseguindo assim, aumentar também o seu poder. A energia se torna tão potente que chega a apresentar milagres. "Milagre" é uma palavra já conhecida do Ho'oponopono, desde a história do Dr. Hew Len quanto à cura da ala psiquiátrica de um hospital, até as histórias de cura de doenças de pele, de inflamações e de muitas outras relatadas por pessoas que experimentaram a técnica. Mais um aspeto que podemos sublinhar na explicação do meu pai e relacionar com o Ho'oponopono é a ligação entre o Eu físico (finito) e o Eu superior (infinito), que mostra a união de *Uhane* (mente consciente) e *Unihipili* (mente inconsciente) com *Aumakua* (Eu superior).

Agora veja novamente a figura e compreenda melhor:

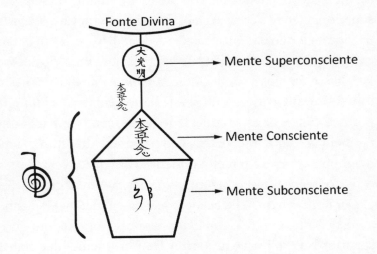

Reiki e Mindfulness

Essas duas técnicas são compatíveis com uma infinidade de práticas. Portanto, as duas juntas só poderão reforçar uma à outra. Os recursos do Mindfulness podem ser utilizados para dar poder ao direcionamento da energia e para fortalecer a sua intenção durante uma aplicação de Reiki. Essa aplicação combinada de Reiki e Mindfulness pode ser feita tanto em autotratamento quanto em atendimentos terapêuticos.

O fluxo energético é mais intenso se adicionado à prática do Mindfulness. A intenção direciona a energia de cura e o nosso pensamento tem muito poder. Utilizar esse poder com um objetivo é determinante para obtermos sucesso. Somente com atenção plena às suas ações em com um atendimento específico, é que vai perceber os fluxos energéticos em cada chacra ou em cada parte do corpo durante o *byosen*, que seria o *scan* da aura com as mãos.

Portanto, a mente presente durante uma aplicação de Reiki tem duas funções. A primeira é aumentar o fluxo energético, dando poder à sessão. A segunda é a percepção dos fluxos energéticos, identificando os chakras mais carentes de energia.

Depoimentos

Os depoimentos compartilhados a seguir são de alguns dos inúmeros queridos alunos que passaram por meus cursos e workshops. Esses depoimentos, além de contribuirem para nosso aprendizado em relação às técnicas aqui apresentadas, podem também nos trazer certa identificação com determinadas situações, aumentando, assim, a nossa conciência e servindo-nos de modelos a serem seguidos na busca de curas.

Ho'oponopono para problemas psicóticos

Antes de relatar a minha história, gostaria de dizer que a minha esposa é uma mulher maravilhosa e inigualável. Muito do que sou hoje devo a ela, que sempre foi grande companheira; mesmo nos seus piores momentos, ela ainda é o que de melhor encontrei na vida.

Há mais ou menos uns dez anos, minha esposa começou a ter mania de perseguição. Primeiro em relação aos vizinhos, depois estendeu-se à família e aos amigos. Ela dizia que havia uma trama para a destruir e me acusava de não tomar atitude contra a tal conluio, que para ela era muito claro.

De início, ela parecia desconfiar de tudo. Dizia que um vizinho a seguia sempre que saía; outro era tarado porque a cumprimentava. Nunca deixava de querer que eu interferisse e enfrentasse as outras pessoas.

Depois, começou a se queixar de todos os vizinhos, alegando que os barulhos e conversas eram para a irritar. Segundo ela, o motivo é que nós ouvíamos música muito alto durante o dia e eles não gostavam. Mas os vizinhos nunca se queixaram de nada.

As milhas filhas não tinham muita paciência para os delírios da mãe, e isso gerava muitas discussões e até violência física contra elas. Eu trabalhava apreensivo e tinha de sair do trabalho para voltar para casa sempre que ela criava algum conflito mais sério com as meninas.

Tivemos muitas discussões e, em algumas ocasiões, ela chegou até a me agredir fisicamente. Fugiu algumas vezes de casa e, em uma dessas fugas, não deu notícias durante cerca de três dias, ficando com a mesma roupa durante todo esse tempo. Consegui localizá-la graças ao cartão de crédito que ela utilizou em um hotel.

Depois desse episódio, ela ficou alguns dias na casa da irmã e já não quis voltar para casa. A única solução foi alugar outra casa e nos mudarmos. Na casa nova os problemas continuaram; ela acrescentou outras pessoas ao seu delírio e houve outras fugas. Chegou até a achar que tinham posto câmeras em nossa casa para vigiá-la.

Numa das fugas, ela saiu sem rumo, com chuva e no frio. Nessa época consegui, com a ajuda de uma amiga, convencê-la a se consultar com um psiquiatra. Ela só aceitou porque queria provar que não tinha nada. O psiquiatra logo percebeu o problema e iniciou um tratamento com medicamentos e também indicou psicoterapia. Ela não quis fazer terapia e logo parou de tomar os remédios. Assim, os problemas voltaram, com o acréscimo de mais pessoas; em seu delírio, até a polícia passou a persegui-la.

Duas primas dela, muito amigas, tentaram convencê-la de que aquilo que ela dizia não fazia sentido e que deveria continuar o tratamento. Uma das primas a levou a outro médico, que também receitou antipsicóticos e antidepressivos. Lembro-me dela no consultório do médico, olhando pela janela, achando que estava sendo seguida.

Enquanto ela prosseguia com o novo tratamento, mudamo-nos para um apartamento em São Paulo. O espaço era muito pequeno, tivemos de abrir mão de muitas coisas. Ela não tinha muitos delírios nessa época, mas caiu em profunda depressão e passava o dia todo deitada, praticamente não comia e teve também problemas intestinais. Não gostava do apartamento nem do bairro; assim, após seis meses, tivemos de vender o apartamento e mudar-nos novamente.

Compramos uma casa em Guarulhos, escolhida por ela. Logo que nos mudamos, ela não quis voltar a tomar os medicamentos, os delírios voltaram e a depressão prosseguia.

Nessa ocasião, consegui convencer minha esposa a ir a uma médica que em pouco tempo e com novos remédios, conseguiu tratá-la da depressão, os delírios desapareceram por vários meses – até cheguei a pensar que não voltariam. Mas os delírios voltaram, de forma sutil, a princípio, mas não tardou para ela decidir não continuar a tomar os medicamentos. Tudo voltou à estaca zero; para piorar, ela passou a me ofender muito e a situação se tornou insustentável.

Tínhamos também um apartamento na praia, e mesmo ali havia problemas. Ela ouvia o elevador subindo e descendo e dizia que era para a irritar. Todos os barulhos eram para incomodá-la. Ela dizia sempre que era a mando de uma irmã ou de um determinado vizinho que não gostava dela.

Por várias vezes ela mencionou a ideia de nos mudarmos novamente, mas eu e as minhas filhas fomos determinados e não aceitamos. Moramos bastante tempo em uma mesma casa em que só havia uma habitação de um lado e uma igreja do outro. Durante todo aquele tempo, cinco famílias moraram na casa ao lado, e ela sempre via a todos como verdadeiros demônios e achava que todos os ruídos se destinavam a importuná-la. Chegou até a discutir com alguns deles. Curiosamente, nunca se importou com os barulhos da igreja.

Entretanto, ela incluiu no seu delírio a maioria das pessoas da sua família, irmãos, tios, primos, sobrinhos e mais alguns amigos, alegando que todos estavam tramando algo contra ela. Quando perguntávamos o motivo, ela inventava coisas sem sentido, como ter lhes negado comida, ter ouvido música alto, os vizinhos não gostarem dela, mexericos, etc.

Depois de muitos problemas, em 2012 a situação se tornou intolerável, razão pela qual decidimos interná-la em uma clínica psiquiátrica, na qual ela ficou 22 dias e lhe foi diagnosticado um Transtorno de Personalidade Delirante. Ela necessitava tomar medicamentos antipsicóticos e antidepressivos, mas começou a fingir que os tomava e os jogava fora. Os problemas com os vizinhos continuaram, só que de forma um pouco mais tolerante.

Compreendo a importância da medicina quanto a esses problemas, mas resolvi procurar alternativas que pudessem me ajudar. Ouvi falar do Ho'oponopono e da sua eficácia, principalmente em relação aos problemas mentais. Comecei a praticar e obtive algum sucesso, mas queria aprender mais.

Sinto que o Universo trouxe até mim o livro da Juliana De' Carli, devido às circunstâncias em que isso aconteceu: um anúncio publicitário em uma estação de rádio e um livro solitário em uma prateleira como se me dissesse: "Olha! Estou aqui!"

Depois disso, em 2014, fiz o curso da Juliana, onde ela transmite, de forma muito simples, mas com um amor incondicional e profundo, esse conhecimento tão valioso.

Quase de imediato, as coisas começaram a acontecer: primeiro, uma grande agressividade; a minha esposa chegou a fazer as malas para se ir embora. Fiquei muito preocupado, mas me mantive firme enquanto fazia a limpeza e pensava: "aconteça o que acontecer, vai ser o melhor." Com essa certeza, dormi tranquilamente naquela primeira noite e percebi que ela também dormiu bem. No dia seguinte, ela desfez as malas e disse que a raiva tinha passado.

Pareceu ser uma catarse para o que viria depois. Ela também se interessou por fazer Ho'oponopono, passou a dormir melhor e a situação com os vizinhos melhorou bastante. Posso dizer agora que recuperei a minha esposa.

Relatei aqui apenas algumas situações, mas em dez anos houve muitas outras marcantes. É claro que houve também muitos intervalos com maior sanidade, nos quais fizemos coisas agradáveis, como passear, viajar, etc. O pior é ouvir as outras pessoas dizer que a minha esposa é louca e precisa ser internada. Hoje, felizmente, a situação está mais equilibrada, existe melhor comunicação e o problema parece ir melhorando lentamente a cada dia que passa. Tem sido tão natural que parece que nada está acontecendo, mas, quando olhamos para trás, podemos ver uma evolução significativa em muito pouco tempo. Diminuíram as noites de insônia e o nosso relacionamento melhorou em todos os sentidos.

Sabemos que os problemas mentais são muito desafiantes e quase fraquejei várias vezes. Não há acordo possível com quem tem tal transtorno, não conseguimos convencê-los de nada. Tentamos ser compreensivos, mas os absurdos são tão grandes que não há como não perder a cabeça. Em casos assim, o acompanhamento médico é muito importante, mas o Ho'oponopono é também de grande ajuda. Se não sabemos o que fazer, o Criador sabe, e nós, com a prática das frases do Ho'oponopono, continuamos a nos equilibrar.

O Ho'oponopono faz hoje parte das minhas práticas diárias para diversas situações ou para me relacionar com as pessoas. Posso sentir o resultado em muitas áreas de minha vida. A diferença é que já não estou sozinho: o Criador está comigo. Basta fazer a limpeza, entregar a situação às mãos d'Ele e a ajuda vem de onde menos se espera. Se aconteceu com o Dr. Len, pode acontecer comigo também.

José Carlos Garcia

Ho'oponopono para assédio sexual na infância

Em primeiro lugar, quero agradecer à Juliana por ter me dado a oportunidade de contar um pouco da minha experiência. Sinto que assim posso contribuir para que outras pessoas possam compartilhar dessa memória, tendo a oportunidade de a transmutar na mais pura luz.

Lembro-me bem de que, no dia em que tive o primeiro contato com a limpeza do Ho'oponopono, me perguntei: "como posso usar essa experiência para ajudar outras pessoas?" Uma hora depois, a Juliana me pedia para dar este depoimento para o seu livro. Obrigada!

Eu tinha sete anos quando tudo começou a acontecer. A minha mãe era evangélica e, de acordo com os ensinamentos da religião, não era permitido ter televisores em casa. Como qualquer criança, eu adorava ver televisão, e fazia o que podia para estar na casa de alguém que tivesse uma.

Na época, eu tinha uma amiga muito querida, morávamos na mesma rua e na casa dela tinha um belo televisor – apesar de os seus avós também serem evangélicos. Eu passava a maior parte do tempo na casa dessa amiga, e foi ali que tudo começou.

Ela era criada pelos avós, e foi o seu avô que compartilhou comigo essas memórias. De início aconteciam coisas como: ele pedia uma toalha enquanto tomava banho, dizendo que tinha esquecido de pegar; quando eu lhe entregava a toalha, ele abria a porta e mostrava-se nu.

Esse tipo de coisas aconteceu inúmeras vezes, mas ele nunca havia chegado a vias de fato. No entanto, houve toques de todas as formas que se possa imaginar. Esses abusos duraram cerca de um ano e meio, e eu não tinha coragem de contar a ninguém, por um único motivo: eu perderia o acesso ao televisor.

Um dia, eu e ele fomos buscar a minha amiga na casa da mãe dela, que morava no campo. Tivemos de caminhar por bastante tempo por uma estrada de terra deserta. E foi nessa estrada que ele tentou realmente chegar a vias de fato.

Nesse dia, fiz o que deveria ter feito há muito tempo: ameacei-o, disse que iria contar a todos o que ele me fazia caso ele encostasse em mim um único dedo.

E essa foi a última vez.

Passei muito tempo sem me lembrar disso e fui vivendo a minha vida normalmente. Apesar de algumas experiências desagradáveis com homens, ainda não me tinha dado conta do impacto que aquilo teria na minha vida.

Aos 20 anos, casei-me pela primeira vez e foi nessa altura que me dei conta do enorme bloqueio que carregava quando se tratava de sexo. Levei esse bloqueio para todos os meus relacionamentos, pré e pós-casamentos.

Desfiz dois matrimônios. A minha vida se desenrolava como se fosse um disco riscado: sempre a tocar a mesma parte da música, repetidamente.

Hoje sou casada com um homem maravilhoso e percebi que, se não tomasse medidas reais, provavelmente acabaria por perder também o terceiro casamento.

Então decidi usar o Ho'oponopono para trabalhar na limpeza dessas memórias, assumindo total responsabilidade por tudo o que tinha acontecido e estava acontecendo.

Registrei em um papel todos os comportamentos do meu marido que me incomodavam profundamente. A minha intenção era primeiro identificar o que me incomodava e depois centrar-me e assumir a minha responsabilidade.

Procurei em quais partes do meu corpo eu sentia incômodos e localizei uma sensação de sufocamento na garganta. Foquei nessa sensação e comecei a limpeza. Quando comecei a dizer o mantra "Sinto muito, me perdoa, eu te amo, sou grata", fazia-o com o coração aberto e desejando verdadeiramente a limpeza. Concentrei-me nos problemas que tinha com o meu marido e então algo muito interessante começou a acontecer: a certa altura, aquela pessoa do passado apareceu à minha frente.

Foi uma experiência incrível. Pela primeira vez na vida consegui olhá-lo com muito amor. Com o perdão por eu ter compartilhado com ele aquela memória, eu sentia um amor muito puro e verdadeiro; era como se houvesse uma luz entre nós. De repente, ele desapareceu e deu-se uma sequência de aparições – à minha frente apareceram todos os homens com quem eu já tinha me relacionado, um por um. Eu olhava para cada um deles e dizia: "Sinto muito, me perdoa, eu te amo, sou grata."

Quando terminava o mantra, aparecia outro e depois mais um. Entretanto, surgiram homens com quem eu não tinha me relacionado, mulheres, alguns familiares, pessoas de que já não me lembrava… E a todos eu dizia: "Sinto muito, me perdoa, eu te amo, sou grata."

Depois de algum tempo, as aparições cessaram e eu me senti como se estivesse regredindo ainda mais, para momentos antes do abuso. Embora já não visse mais nada, sentia que devia continuar a limpeza. E assim fiz, até que percebi que sorria – e que aquela sensação de sufocamento na garganta desaparecera. Foi nesse momento que cheguei ao ponto zero, de um puro silêncio e de muita paz. Fiquei nesse estado por algum tempo e depois voltei.

Ao regressar à casa naquela noite, obtive a primeira confirmação de que algo tinha realmente acontecido. O meu marido, que tinha alguns comportamentos que me incomodavam, teve oportunidade de se expressar, mas, dessa vez, ele teve uma atitude totalmente diferente, o que me deixou muito feliz; nesse momento percebi que a limpeza tinha sido bem-sucedida.

Eu já fazia Ho'oponopono há algum tempo, mas não percebia muito bem o seu funcionamento, o que não fazia grande sentido. Portanto, agradeço à Juliana, que me ensinou a usar o Ho'oponopono. Só agora tudo faz sentido e sou e serei eternamente grata a ela por isso.

A você que lê agora essas memórias, "sinto muito, me perdoa, eu te amo, sou grata".

Namastê.

KELLY MORAES

Cataratas nos dois olhos curadas

Pedi a Deus uma forma prática e definitiva de alcançar o equilíbrio e a paz interior, e a resposta veio: depois de conhecer o Ho'oponopono pela Internet, pesquisei e cheguei ao livro da maravilhosa Juliana De' Carli. Li o livro com muita atenção e carinho, uma obra completa e definitiva sobre o tema, além de muito esclarecedora.

Em seguida fiz o workshop *"Ho'oponopono: Método de Autocura Havaiano"*, com a Juliana De' Carli, porque, além de querer conhecê-la pessoalmente, queria voltar a sentir a energia maravilhosa que senti ao ler o livro dela, bem como estar na presença de uma verdadeira mestra. Experiência inigualável. Desde então, o meu dia a dia se tornou mais leve, a minha existência ganhou um novo sentido e passei a encarar a vida como uma experiência passageira para a nossa evolução. Os problemas se tornaram desafios, as intenções se transformaram em inspirações, e agora encontro sempre uma saída positiva para todos os desafios.

Compartilho o Ho'oponopono com parentes e amigos e já ofereci a muitas pessoas o livro da Juliana De' Carli; todos sempre me relatam experiências bem-sucedidas. Acredito na força do mantra do Ho'oponopono, que é transformador. Graças ao Ho'oponopono, entrei em contato com o Reiki e fui em busca da cura dos meus olhos. Ao fazer o tratamento de Reiki com a Juliana, na primeira sessão, as cataratas que tinha nos dois olhos simplesmente desapareceram. Fui curada, e sei que a cada dia que passa me purifico ainda mais. Hoje sigo a minha vida com equilíbrio e paz, confiante e feliz! Sinto muito, me perdoa, eu te amo, sou grata!

Vânia Maria Estela Giongo

O equilíbrio da vida com sons meditativos

Nunca fui muito espiritualizada, até que a minha irmã me ofereceu o curso de Ho'oponopono da Juliana De' Carli, o qual ela disse ter mudado a sua vida. Fui ao curso tomada de curiosidade de como seria esse método tão milagroso. Claro, quem não quer mudar de vida?

A questão é que, no decorrer do curso, ficamos tão sensíveis que percebemos como algumas coisas tão simples nos afetam sem que nos demos conta, e também como alguns problemas mal resolvidos de longa data começam a vir à tona. A energia que é emanada na sala é muito forte e acabamos igualmente por nos ligar aos colegas.

Uma das coisas que descobri no curso foi como o meu ambiente de trabalho influenciava os meus sentimentos; logo, foi a primeira coisa que quis mudar – afinal, oito horas do meu dia são lá passadas e não achava justo chegar em casa tão exausta, com todas as energias sugadas!

Sou funcionária pública há três anos e trabalho com três colegas de um órgão diferente do meu. Porém, para os clientes serem atendidos, é preciso emitir os documentos primeiro comigo e depois com eles, por isso dividimos a mesma sala. Dois deles estão perto de se aposentar e outro tem um emprego arranjado pelo pai, influente politicamente. O ambiente de trabalho era pesado porque, na verdade, a única pessoa que não se tornou a funcionária pública que toda a gente tem em mente fui eu; realmente, tenho de fato muito trabalho. Do lado deles, é muita gente para pouco serviço, o que os deixa ociosos. Era muito difícil trabalhar com quem se queixava o tempo inteiro e a única coisa que fazia era esperar a aposentadoria chegar. Ninguém tinha um projeto de vida, passavam o dia inteiro falando mal dos habitantes da pequena cidade em que moramos, atendiam as pessoas muito mal, deixando-as à espera enquanto conversavam à toa ao telefone ou enquanto lanchavam ali mesmo. O som da televisão era sempre alto, indignando quem chegava para ser atendido. Um dos colegas, às vezes, até chegava drogado. Outra coisa que me incomodava também era o fato de o presidente da câmara não se preocupar em me fornecer um funcionário competente, uma vez que havia ali tanta gente sendo paga para não fazer nada, e eu tendo de acumular o meu serviço de veterinária e o trabalho administrativo do escritório. Toda essa confusão no meu ambiente de trabalho acabava por me deixar muito mal: era muita energia negativa o dia inteiro. Mas, graças ao Ho'oponopono, a questão foi resolvida.

Como também não sou muito disciplinada, para me aquietar e meditar resolvi usar outra forma de praticar o Ho'oponopono. Todos os dias, acordava às 6 horas para pedalar. Baixei alguns áudios de Ho'oponopono que encontrei no YouTube e passei a ouvi-los durante o meu exercício. Entre eles há meditações, orações e músicas com o mantra "Sinto muito, me perdoa, eu te amo, sou grata" e ainda tinha o bônus de todos os dias assistir a um nascer do sol mais belo que o anterior. Em alguns fins de semana também faço caminhadas; costumo parar em algum lugar que acho bonito e medito, faço os meus pedidos e repito o mantra. Com o horário de verão, torna-se muito escuro para se pedalar de manhã, pelo que decidi chegar alguns minutos mais cedo ao escritório e escutar os mesmos áudios, que salvei no computador. É impressionante como começo o dia de bom humor, e é mais impressionante ainda como os meus colegas de trabalho mudaram. Hoje reina no escritório uma calmaria: os colegas começaram a usar o tempo livre para fazer coisas úteis na Internet e é comum eu chegar e eles estarem sossegados, cada um à frente do seu computador, com os fones postos e sem dizerem mal de ninguém. Mas o meu melhor presente foi que, depois de ter passado por três funcionários administrativos que não queriam mover uma palha, um anjo foi enviado para trabalhar comigo, competente, organizado, responsável, proativo e reservado, como sempre desejei.

Tal como os conflitos no trabalho, a minha vida mudou completamente. Hoje sou mais calma. Acho que percebi o que é a paz e busco-a todos os dias. As pessoas que me faziam mal se afastaram da minha vida sem ter nenhum tipo de conflito comigo, e pessoas lindas têm se aproximado. Aprendi a ver o lado bom das coisas e a me concentrar nelas, deixando de ser uma pessoa negativa. Atualmente, sou muito mais feliz e serena. Enfim, sou muito grata!

RAFAELA

Milagre mobilizado pelo amor

Quero compartilhar uma incrível experiência que tive há alguns meses. A minha mãe, já idosa, está internada em uma clínica. Ela está muito doente e passou a ser alimentada por sonda. Isso fez com que ela perdesse muito peso; de tal forma, que a aliança de casamento dela com o meu falecido pai se tornou demasiado larga.

Um dia, a enfermeira me deu essa aliança, o que me causou grande dor, pois durante toda a minha vida nunca tinha visto a minha mãe sem aquela aliança. Saí da clínica com a aliança no dedo e fui direto ao centro comercial para comprar algumas roupas.

No caminho de volta para minha casa, dentro do carro, olhei para a minha mão e percebi que a aliança já não estava no meu dedo. Fiquei tão consternada e desesperada por ter perdido a aliança, símbolo do casamento dos meus pais, que nunca me perdoaria por ter cometido tal negligência.

Não tentei voltar ao centro comercial, pois tinha ido a muitas lojas e passado por inúmeros lugares, pelo que seria impossível encontrar um objeto tão pequeno. Quando voltei à casa, entrei no meu quarto e comecei a chorar e a implorar a Deus. Nunca pedi nada com tamanha força, com tanta vontade, com tanto clamor. Implorei e senti a presença divina comigo naquele quarto.

Três dias se passaram e a minha tristeza só aumentava. Mas continuava a trabalhar. Vendo bolsas de senhora e encho--as de papel para evitar que se amassem. Um dia, uma bolsa que estava encalhada há meses, guardada debaixo de muitas outras, foi finalmente vendida.

Entrei no armazém para pegar a bolsa e fazer a entrega. Tirei muitas coisas do lugar até que a encontrei. Quando acabei de retirar todos os papéis e deixei a mala vazia, vivi algo inexplicável: a aliança da minha mãe estava lá dentro!

Não posso explicar como aconteceu, já que eu nem cheguei em casa com a aliança. Milagres não se explicam, apenas acontecem.

Hoje tenho a certeza de que a materialização existe e de que nada é impossível quando o desejo é maior que tudo.

Sou eternamente grata por esse maravilhoso acontecimento e também pelos pequenos, mas não menos importantes milagres que norteiam a minha vida diariamente com o Ho'oponopono.

Com gratidão.

ANA PAULA MIRANDA ASSUNÇÃO

Melhoria da relação com um filho

Conheci a Juliana De' Carli em uma formação de coaching. Fizemos atividades juntas, conversamos sobre os meus problemas e ela me apresentou o Ho'oponopono. Então comprei o livro *Ho'oponopono: Método de Autocura Havaiano*, e o devorei rapidamente, achando-o de fácil compreensão e bastante objetivo. Foi então que comecei a praticar o mantra "Sinto muito, me perdoa, eu te amo, sou grata".

Mas o que quero contar aqui foi algo que me aconteceu e que atribuo à prática do Ho'oponopono.

Um dia, saí de casa no final da tarde para buscar o meu filho na escola e fui entoando o mantra com a intenção de harmonizar o nosso encontro, pois ele andava muito agressivo.

Ao chegar à escola, fui informada pela coordenadora de que ele tinha novamente tido um mau comportamento durante as aulas, desrespeitando as regras da escola, que é nova para ele.

Ouvi atentamente todo o relato da coordenadora e em seguida pedi que ele me contasse o que tinha acontecido. E ele, com toda a raiva possível para uma criança de oito anos, contou-me.

A minha primeira surpresa foi que me mantive calma, conseguindo ouvir com atenção o que ele dizia, pois em outras ocasiões eu costumava entrar na raiva dele e ficar igualmente agressiva.

Com calma, pedi que ele entrasse no carro, despedi-me da coordenadora e seguimos caminho. Então, perguntei-lhe o que eu poderia fazer para que ele entendesse que é necessário respeitar as regras e as pessoas; ele se manteve em silêncio.

Tornei a entoar o mantra em pensamento, na intenção de me colocar à disposição de Deus para receber a inspiração necessária. Uma onda de alegria tomou conta do meu coração, pois vi a possibilidade de resolvermos a questão sem discussão.

Sinto muito. Me perdoa-me. Eu te amo. Sou grata.

Com amor e gratidão.

JULIANA LOPES

Reiki a distância e a harmonização de relacionamentos com o Ho'oponopono

Eu já lia sobre Reiki há algum tempo, tinha muita vontade de conhecer a técnica e fazer um curso, mas nunca tinha recebido nenhum tratamento ou entrado em contato com a energia em si. Em meados do ano passado, decidi fazer o curso, com a querida autora deste livro. Logo após a minha iniciação, enviamos, juntas, Reiki a distância para a minha filha de um ano e meio, ela estava doente, com infeção no ouvido e não dormia bem há uma semana.

Quando o curso acabou, voltei para casa e a encontrei dormindo no berço, tranquilamente. Achei aquela cena estranha, considerando os dias anteriores sem dormir, devido à infeção, mas aproveitei para descansar porque sabia que ela não tardaria a acordar novamente e eu teria de ajudá-la nos momentos de dor. No dia seguinte, eu e o meu marido acordamos às 6 horas, surpreendidos por perceber que ela dormira em paz desde a noite anterior. Mesmo com um ano e meio, ela ainda acordava uma ou duas vezes à noite para mamar quando estava bem, ou ainda mais vezes quando tinha febre ou alguma infeção.

Aquela foi a primeira vez que ela dormiu a noite toda, sem acordar.

Esse acontecimento provocou uma primeira impressão muito forte em mim, ajudando-me a colocar a prática do Reiki na minha rotina. Desde então tenho descoberto cada vez mais os inúmeros benefícios físicos e emocionais que o Reiki nos traz.

Quando ouvi falar sobre o Ho'oponopono pela primeira vez, pesquisei sobre o assunto na Internet, mas fiquei um pouco desapontada, pois havia pouca informação sobre o assunto; em todos os artigos e sites, mencionava-se basicamente o uso de quatro palavras simples e nada mais. Eu pensava que a vida era tão difícil e cheia de desafios, que não fazia sentido haver um método de autocura tão simples assim. Porém, mesmo com toda a sua simplicidade, ao invés de praticar e constatar o efeito, optei por comprar o livro *Ho'oponopono: Método de Autocura Havaiano*, da mesma autora deste livro, na tentativa de descobrir o que mais era preciso para a prática. Durante a leitura, encontrei muitas informações, mas a prática do Ho'oponopono era basicamente a repetição dessas simples palavras. Eu não compreendia como é que repetir tais palavras poderia me ajudar, então continuei a minha busca por outros métodos, como a meditação e o Reiki.

Cerca de um ano depois desse primeiro encontro com o Ho'oponopono, eu me vi em uma situação muito delicada, em que uma pessoa muito próxima e querida, em uma decisão de impulso, prejudicou a minha filha. Uma emoção de raiva se apoderou de mim; eu não conseguia me libertar e me pegava constantemente pensando nesse assunto, completamente dominada pela raiva, como se estivesse vivendo a situação novamente. As tentativas de meditação e autoaplicação de Reiki eram impossíveis, eu não conseguia me concentrar em nada.

Quando me vi sem ferramentas para me reequilibrar com o intuito de sair dessa situação, lembrei-me do Ho'oponopono e resolvi praticá-lo. Comecei por dizer "Sinto muito!", mas eu não "sentia muito", sentia raiva e estava muito zangada com aquela pessoa, mas segui em frente. "Me perdoa!", eu não podia pedir perdão, eu não estava errada. "Eu te amo!", sem dúvida que essa palavra foi a mais difícil de dizer naquele momento. "Sou grata!", eu não era grata por estar vivendo aquela situação. Mesmo assim, segui em frente, "sinto muito, me perdoa, eu te amo, sou grata!", e com o passar do tempo tudo foi se esclarecendo. Percebi que eu sentia muito e que deveria pedir perdão a uma pessoa tão querida, que não fez nada por maldade, tendo apenas agido por impulso; que eu amava sim essa pessoa, e que era a raiva que me deixava cega; além disso, eu era grata por tê-la em minha vida. Senti um nó no meu peito se desfazendo, os pensamentos se foram tornando mais claros e a raiva foi diminuindo até perder força.

Essa primeira experiência com o Ho'oponopono me ensinou muito, não apenas sobre o seu funcionamento, mas, principalmente, sobre a sua utilidade nos momentos em que não temos equilíbrio interior suficiente para outras práticas. Compreendi também o motivo de eu ter hesitado tanto tempo a praticá-lo; ainda que seja um método "simples", nunca é fácil dizer essas palavras, é preciso muita sinceridade e humildade.

Carolina Viadanna

Encontrar a própria essência

Meu nome é Mayce e venho contar um pouco de como o Reiki e o Ho'oponopono me auxiliaram e ainda auxiliam na minha caminhada! O Reiki foi o primeiro "divisor de águas" na minha vida, com o qual tive contato em 2007, graças a um colega de trabalho que fazia aplicações. Na época, aquilo não fazia sentido nenhum para mim. Foi apenas no final de 2010, quando passei por um período muito conturbado em todas as áreas da minha vida, que reencontrei o Reiki e então deu-se início o meu processo de despertar, de autoconhecimento, de mudança e de reconexão com a minha verdadeira essência. O processo, logicamente, não foi muito fácil; afinal, mudar dói, tornar-nos conscientes do lixo emocional presente dentro de nós é assustador, desesperador... Na verdade, dá vontade de fugir e não tocar mais no assunto. Porém, depois de enfrentar tudo isso e de ganhar consciência e aceitação de nós mesmos, o processo se revela um pouco mais fácil.

Posso dizer que o Ho'oponopono foi o segundo divisor de águas em minha vida. Tenho muito a agradecer a essa técnica, pois realmente me trouxe muita luz a partir do momento em que passei a praticar diariamente.

Tive a oportunidade de conhecer a Juliana por influência de seu pai, o querido mestre Johnny De' Carli. Em 2013, participei de um módulo do curso de Reiki Master em São Paulo e nesse curso ele mencionou muitas vezes a Juliana com muito carinho e orgulho! Entrei em contato com ela e trocamos algumas mensagens durante esse período.

Cerca de um ano se passou até eu comprar o livro *Ho'oponopono: Método de Autocura Havaiano* e começar a ler e a tentar praticar diariamente; porém, como eu estava em uma fase pós-parto e me dedicava integralmente ao meu bebê, não conseguia encontrar tempo, muitas vezes me sentia esgotada física e energeticamente. Por não conseguir fazer autoaplicações de Reiki eu já estava entrando em estado depressivo, então resolvi procurar ajuda e voltei a fazer sessões de Reiki e equilíbrio muscular. Constituí também uma rede familiar que me auxiliou muito. Pouco depois, em dezembro de 2014, tive a oportunidade de participar de um workshop de Ho'oponopono ministrado pela Juliana na cidade de Holambra!

Foi um dia maravilhoso! A começar pelo local do curso, que é muito agradável, com muitas áreas verdes e excelente energia! Comecei o processo naquele momento. A Juliana é realmente uma simpatia, transmite paz e tem uma luz muito forte que é transmitida a todos os que a conhecem. Além disso, é uma pessoa de trato fácil, bem-humorada, humilde e que conquistou a minha admiração!

O grupo era muito interessante e aos poucos fomos descobrindo afinidades. Não tenho palavras para descrever como correu esse dia, mas foi mágico... Foram 12 horas de vivência, trabalho individual e em grupo, momentos de troca, de abandono dos nossos questionamentos e dos nossos pensamentos, em que pusemos o nosso ego de lado e trabalhamos para a libertação de energias e de crenças limitantes não condizentes com o novo padrão energético que iríamos alcançar dali em diante! No final do encontro, fomos abençoados por uma linda noite de lua cheia, acompanhada por um temporal, precisamente no momento em que fazíamos a meditação com os tambores xamânicos.

Foi um momento único na minha vida, muito intenso.

Saí desse encontro RENOVADA! A partir de então, comecei a praticar a técnica todos os dias; até comecei a usá-la como cantiga de embalar para fazer o meu filho dormir. Aos poucos, a qualidade do sono dele começou a melhorar e eu também passei a me sentir bem melhor em relação aos meus sentimentos e com o fluir da minha vida. Quatro meses se passaram e hoje, março de 2015, posso dizer que essa história tomou um novo rumo. Tive de deixar o passado para trás, algumas pessoas saíram da minha vida, entretanto, outras estão chegando... A minha vida profissional voltou a fluir, tornei a fazer coisas que me dão prazer, que me fazem feliz e que me reconectam com a minha verdadeira essência, com o meu Eu superior. Mudei crenças limitantes em todos os campos e hoje utilizo técnicas de cocriação para prosperidade e abundância em conjunto com o Ho'oponopono. Descobri também que o maior segredo para vivermos em equilíbrio é a gratidão em relação a tudo na nossa vida. Gratidão por existirmos, pela oportunidade de evoluir aqui neste Planeta, de superarmos os obstáculos e a nós mesmos, gratidão por todas as nossas conquistas... Enfim... Hoje sou grata por todas as oportunidades e pelas coisas boas que acontecem na minha vida!

Gratidão ao Universo.

MAYCE AZOR
Formada em Ciências Farmacêuticas,
Doutora em Ciências da Saúde pela FMUSP,
Mestre de Reiki, terapeuta quântica e espiritualista.

A transformação da vida

É com muita satisfação que olho para o crescimento adquirido na senda do autoconhecimento com o Ho'oponopono.

O trabalho do perdão e da compaixão foi nítido para a resolução de muitos impasses que há muito tempo eram protelados e somente contribuíram para exaurir as forças de toda a minha família. Foi útil não só para a abertura da minha espiritualidade, mas, principalmente, para o reconhecimento das minhas verdades, do Eu Sou.

É muito prazeroso reconhecer que o Universo abre possibilidades tão simples, que, se forem agarradas com amor e com disposição para o bem, transformam os caminhos antes sinuosos e escuros em uma trilha suave e repleta de flores!

Foi por acaso (muito embora não acredite na existência do acaso) que conheci a Juliana De' Carli. Em dezembro de 2013, uma grande amiga me convidou para passar o domingo na cidade de Holambra. Aceitei, mas sem grandes expectativas, devo confessar. Quando chegamos, sentia-me estranha, com os pensamentos soltos e o corpo leve, flutuante. Até comentamos que tínhamos a mesma sensação. Agora entendo o que era, e ainda sinto estarem muito presentes essas sensações, a que costumo chamar "loucuras de sobrevivência em 3D"

Pois bem, no caminho, a minha amiga disse que visitaríamos uma pessoa estimada que acabara de dar à luz um menino. Passamos uma tarde mais do que agradável. Entre boa conversa, suco de uva e muitas fotografias, descobri a autora do livro *Ho'oponopono: Método de Autocura Havaiano*. Fui mais do que depressa adquirir dois exemplares, pois rapidamente reconheci ali um presente fantástico.

Em 2014, no dia 15 de março, fizemos um workshop no qual passamos o dia e grande parte da noite absorvendo e praticando o Ho'oponopono. O dia do grande início da mudança de vida (ou melhor, do reconhecimento dela), da conduta e dos pensamentos. Foi incrível, como se toda a prática tivesse sido voltada para as minhas principais questões. Era o meu anjo a dizer: "Vai, abre-te, lança-te, mergulha, pois, esse mar é uma imensidão de bem-estar!"

Assim, posso dizer que a prática do Ho'oponopono é constante em minha vida, desde as questões mais simples até aquelas que parecem não ter início, meio e muito menos fim, de tão complexas. E, lembra-se dos impasses quase insolúveis que citei de início? Pois bem, neste exato momento, o mais denso deles acaba de ser solucionado.

Agora, depois de o turbilhão passar, reconheço a simplicidade de tudo e descubro que o ser, quando perdido na sua essência, complica tanto que desfaz a felicidade, ao invés de agarrá-la – e é o outro que é sempre considerado culpado.

Neste período pós-Ho'oponopono, fui irradiando o conhecimento e a luz da verdade, do perdão e da cura em cada ponto da minha vida. Sou grata por esse reconhecimento e pelo aprimoramento do meu ser e reconheço a extensão da caminhada. Mas agora, com clareza e sutileza, cada ponto se tornará luz e não uma pedra que magoa. Deixemos para o outro o que é do outro, sem questionar; apenas observemos e sejamos prestativos se houver permissão. Com suavidade, flutuando como a mais leve pluma.

Sou grata por cada escolha que os meus amigos da espiritualidade iluminaram e principalmente por me auxiliarem a encontrar amigos de jornada aqui na nossa pequena dimensão, pois é precisamente com eles e por eles que essa expansão nunca deixará de aumentar.

Sinto muito, me perdoa, eu te amo, sou grata.

VÂNIA RENATTA

Dúvidas Frequentes

Espero que as perguntas a seguir, recebidas em sua maioria dos alunos em meus cursos, possam ajudá-lo de alguma forma com as suas dúvidas.

Seria a sensação de ficar no vazio o mesmo que tentar não pensar? Respirar? Ou adiar pensamentos?

Ficar "no vazio" é manter-se em conexão com a Divindade, é estar próximo da própria essência e, assim, poder entrar em estado de inspiração. Dessa forma, a resposta vem baseada em uma inspiração e não na memória em si. Esse processo pode ser muito rápido. Para isso, precisamos acalmar os pensamentos e esvaziar a mente, utilizando a respiração, que está intimamente ligada ao nosso corpo mental. É com a respiração que podemos acalmar a mente e esvaziá-la de pensamentos. Se algum pensamento surgir, aceite-o e deixe-o desaparecer. Não o aceitar, ou seja, dizer a si mesmo que não quer pensar nisso, poderia levá-lo a pensar ainda mais nele. Esse vazio é o estado zero de que Joe Vitale fala. Uma forma simples de conseguir aceder a ele é respirar calma e profundamente e repetir o mantra do Ho'oponopono por pelo menos cinco minutos; depois disso, perceba como a sua mente ficou tranquila e sem pensamentos. Sinta o que é simplesmente SER, sentindo a sua respiração e uma profunda paz interior.

Posso curar um carma?

Sim. São três as opções em relação ao carma. A primeira seria vivenciá-lo, pagar o carma, aceitar a condição que ele impõe. A segunda seria transmutá-lo, ou seja, torná-lo algo bom. Nesse caso, ao vivenciar um momento que pode estar incomodando ou trazendo alguma dor, pode se perguntar: "O que a vida está querendo me mostrar com isso? O que posso aprender com esse acontecimento?" Isso fará com que eu saia da situação com uma visão diferente, com menos dor do que se aceitasse viver a situação como vítima dela. Dessa forma, sofre-se menos e evolui-se mais. Cada pessoa pode reagir de forma diferente em uma mesma situação: algumas podem sofrer muito, o máximo que podem em uma determinada ocasião, outras não permitem chegar a tanto e se mantêm mais equilibradas, o que facilita a resolução do problema. E outras, ainda, conseguem transcender o carma, neutralizando a sua carga motivacional, entregando-a à Divindade e alcançando o estado de vazio, e assim, deixa de vivenciá-lo. Isso é o que o Ho'oponopono faz.

Muitas vezes vejo determinada situação como oportunidade, mas não a agarro por crenças do tipo "calma, tudo no seu tempo", ou então muitos me dizem: "você está se precipitando!" Como posso sentir a conspiração do Universo estando com tantas dúvidas?

Ao perceber que alguma oportunidade se apresentou, já pode agradecer por isso, pois muitos mal as veem. Mas de nada adianta se não agarrar e fazer valer essa oportunidade. Lembre-se de que a oportunidade não voltará, ela é única. Talvez tenha *outras* oportunidades, mas não a mesma. Pergunte a si próprio como se sentiria fazendo tal coisa ou vivendo tal situação e sinta no seu corpo a resposta. Se a sensação for favorável, a resposta é positiva; se sentir algum desconforto, pode não ser mesmo boa ideia. Outro ponto é ver se mais pessoas irão se envolver na situação e se também elas sairão beneficiadas: se, por acaso, alguém não se der bem, também não é boa ideia. Quando uma oportunidade aparece na nossa vida, cabe a nós medir causas e consequências e decidir se vale a pena ou não, pois somos nós que vamos viver de fato aquela decisão. E, ao se privar de um sonho por outra pessoa, se realmente valorizava esse sonho, vai deixá-lo de ter vivido. Assim, pode-se praticar Ho'oponopono quando acontecer uma dessas situação e, depois de se purificar, se ela continuar se apresentando em sua mente, isso quer dizer que é mesmo uma inspiração.

A técnica do Dr. Hew Len consiste em purificar três vezes; se após a terceira purificação a oportunidade ou ideia ainda se apresentar, ele a coloca em prática. Além disso, técnicas energéticas podem ajudar e podem lhe dar alguma informação sobre a oportunidade, como cartas e oráculos, por exemplo.

A Juliana fala de refletir sobre os nossos próprios pensamentos. Como podemos fazê-lo sem nos culpar?

Quando refletimos sobre os nossos pensamentos, é importante que os aceitemos em primeiro lugar. Precisamos entender que é um ponto de vista rápido, baseado em nossas memórias, na forma de viver a que estamos acostumados automaticamente. Mas, ao longo do tempo, conforme avançamos nos estudos e no autoconhecimento, podemos analisá-los e então constatarmos se realmente existem outras vertentes de pensamento sobre o mesmo assunto, se existem opiniões diferentes ou outras formas de agir que caberiam melhor no caso em questão. Com essa aceitação e com flexibilidade podemos evoluir, mudando nossa forma de pensar gradativamente, pois nenhuma mudança é repentina.

Lembre-se de que não somos os nossos pensamentos, mas, sim, vivenciamos a eles e às nossas sensações nesse corpo, que é o instrumento que temos para estar na terceira dimensão. Dessa forma, sabendo que aquilo não é o seu pensamento, você pode "sair" dele e, nas meditações, pô-los dentro de nuvens passageiras; assim facilitará o processo de esvaziar a mente e ficará mais próximo do estado de vazio. Com o tempo, esse processo de esvaziamento da mente se torna automático.

O pensamento é a base da criação e é a partir dele que sentimos e agimos. É importante, ao aprender ou ao tomar consciência de algo novo, a não se culpar pelo passado, pois é um processo de evolução e deve se respeitar o nível de consciência em que se encontra quando age de forma que poderá futuramente se arrepender.

Pode o Ho'oponopono ser feito para prevenir as expectativas e ansiedades dos outros em relação a nós?

Quando se perguntar se pode fazer Ho'oponopono é porque sentiu a necessidade de o praticar em algo que o incomodou, ou seja, é bom praticá-lo para o que desejar e, principalmente, para o que o incomodar no seu íntimo. Aproveite os sentimentos que surgirem dentro de si para purificá-los. Qualquer problema que surja dê a ele a oportunidade de ser trabalhado. Defina o problema e em seguida pratique o Ho'oponopono da Identidade Própria (repetição de "Sinto muito, me perdoa, eu te amo, sou grato") para as sensações e os sentimentos que a questão suscita. Limpamos a parte do outro que está em nós a partir dos sentimentos e das sensações que muitas vezes absorvemos ou que simplesmente percebemos no outro.

E em relação às nossas próprias expectativas e ansiedades, podemos praticar Ho'oponopono?

Sim, pode praticá-lo. Quando se tem uma intenção é importante pôr a atenção nas ações presentes e manter certo distanciamento do que se deseja. Não é desistir do seu objetivo, mas desapegar-se dele. Assim, não terá medo, expectativa, ansiedade e insegurança. Isso quer dizer que confia no verdadeiro Eu e na Divindade. Faça da incerteza uma aliada, entregando-a às mãos do Criador e, dessa forma, criando espaço para o surgimento de soluções e de oportunidades.

Ter expectativas não é o mesmo que desejar? Por que não devemos sentir expectativas?

Não, não é a mesma coisa. Quando temos um desejo, almejamos algo para a nossa satisfação. A expectativa é criada com base nos nossos desejos e, se a alimentarmos, reafirmamos o sentimento de falta daquilo que desejamos. E é o sentimento que temos que determina a nossa realidade atual, ou seja, nesse caso, a expectativa cria ansiedade e fortalece o não possuir.

Então, como desejar sem esperar que seja realizado?

Veja bem, não é esperar pela realização do desejo: é não criar expectativas sobre ele. Vou explicar a diferença.

Quando se cria expectativas, fica-se à espera de uma resposta, um resultado que já conhece. Além de afirmar a falta do que deseja e fortalecê-la, ainda possui ideia fixa sobre isso. Dessa forma, não dá espaço para que a Divindade atue livremente. O poder Divino pode mostrar uma solução, um caminho ou uma realização que não estava na sua mente. Com a expectativa, impedimos que o Universo atue movimentando energias e situações favoráveis à situação, pois já definimos o desejo e a resposta se torna inflexível.

No entanto, almejar a realização de um desejo é saudável, tal como acreditar nele ou ter fé. Nas meditações do Ho'oponopono, agradecemos como se já o tivéssemos alcançado. Mas, além de orar, é importante agir no sentido do desejo, tornando as condições favoráveis, mas mantendo certa distância quanto a ele. Quando não nos apegamos, não criamos expectativas, e a resposta pode vir de uma direção diferente daquela que esperávamos, e muitas vezes melhor do que desejávamos, pois o Universo é sábio.

Quantas vezes ou por quanto tempo devo praticar o mantra para determinadas situações, até resolvê-las?

Essa é a pergunta mais frequente para os praticantes iniciantes. Não existe número certo de vezes para repetir o mantra. Pode repetir muitas vezes seguidas em determinados momentos, ou interiorizar o seu sentimento e repeti-los para se libertar dos pensamentos ou dos sentimentos indesejados uma única vez (ou algumas vezes mais), muito devagar e sentindo as palavras. Depende muito de cada situação. Quando é um problema ou um objetivo mais complexo é importante elaborar a frase explicativa do problema e encontrar um momento de silêncio e de quietude. Repita o mantra até sentir que a emoção ou a sensação sobre determinado assunto desapareceu. Normalmente sinto a sensação do quinto elemento, o Éter, que é o da conexão. Dizemos a frase uma vez, depois repetimos o mantra, esvaziamos a mente e fazemos contato com a Divindade através do nosso Eu superior, entregando o problema ao Universo em gratidão. Em um determinado momento, quando estiver em meditação, visualize-se com o seu desejo realizado e agradeça profundamente. Faça sempre que puder e sentir necessidade, não se prenda aos resultados, não crie expectativas, peça, acredite e distancie-se ao mesmo tempo. Deposite energia no presente, mas afaste-se das esperas e dos resultados. Não sufoque o seu desejo. Há quem goste de usar um japamala[1] de 108 contas por cerca de dez minutos para repetir o mantra, funciona muito bem.

---

1. Japamala: (*Japa*: repetição, *Mala*: cordão ou colar) é um objeto antigo de devoção espiritual, conhecido também como rosário de orações no ocidente. É um artesanato muito utilizado para ajudar nas orações e mentalizações como marcador. Temos então duas correntes: uma espiritual, "Japa", e outra material, "Mala". Assim, as energias espirituais invocadas "Japa" energizam o "Mala".

Posso praticar Ho'oponopono para um paciente que está em sofrimento e acabar por absorver o sofrimento dele?

Sim. Como já mencionei, quando se perguntar se pode, é porque está sentindo a necessidade de fazer. Estamos todos dentro de um imenso campo quântico e absorvemos pensamentos, sentimentos e sensações de outras pessoas. Estamos todos interligados. Pode fazer Ho'oponopono para as suas sensações em relação às pessoas ou as sensações ou pensamentos que elas fazem com que sinta, que afloram dentro de si. Por isso dizemos que limpamos em nós a parte do outro que está em nós.

Quando uma pessoa falece, como se libertar do sentimento de pesar?

É importante aceitar os fatos como eles são. Não se conhece o carma das pessoas envolvidas. Também acreditamos que exista vida após a morte e que essa é uma nova etapa na evolução do espírito e um ciclo pela qual todos nós passamos. Pode utilizar a técnica para transcender o sentimento de pesar, o que poderá até ajudar os parentes e o próprio espírito que se foi.

É importante lembrar que somos seres espirituais a ter uma experiência humana, além de seres humanos a ter uma experiência espiritual. Dessa forma, com a morte o espírito liberta-se do corpo.

Como praticar Ho'oponopono para diminuir a raiva ou o mal-estar que uma pessoa me faz sentir?

Utilize a oração para cura de relacionamentos de Morrnah Simeona. Também pode repetir as frases do Ho'oponopono da Identidade Própria para os sentimentos que surgem ao ver ou pensar na pessoa em questão.

Por que existem pessoas de quem não gostamos logo à primeira vista?

Existe a possibilidade de a pessoa que negamos em um primeiro momento ter uma sombra parecida com a nossa. Se tivermos emoções negativas em comum, carregamos um mesmo tipo de bloqueio, que estará vibrando em um determinado chacra. Ao nos depararmos com essa pessoa, os bloqueios em comum que estavam em estado latente reconhecem-se e vibram, fazendo com que sintamos desconforto. Outra possibilidade é a de sentirmos alguma má vontade para com essa pessoa por um motivo qualquer (mexericos ou um pré-julgamento naquele momento); nesse caso, emitiremos no nosso campo quântico energia de repulsa, que o outro sentirá inconscientemente e terá reação compatível, mesmo que não muito perceptível. A reação pode ser muito sutil, até mesmo em termos energéticos.

Quando se dá uma situação assim entre duas pessoas, muitas vezes cria-se uma memória em relação a elas em questões que podem ser transmutadas. Pode experimentar se desarmar emocionalmente antes de encontrar a pessoa por quem sente repulsa e verá que a interação será diferente. Se a memória estiver muito enraizada, vai melhorar cada vez mais com a prática do Ho'oponopono, fazendo com que o seu padrão de pensamento em relação a essa pessoa mude.

Pode o Ho'oponopono ser feito conjuntamente à aplicação de Reiki ou à Bioenergética, mesmo sem conhecermos exatamente o problema do outro, mas apenas pelas sensações sentidas e percebidas?

Sim. Pode repetir o mantra na sua mente ou entoá-lo em voz baixa se achar que se adequa ao momento.

Quando surgem ideias ou inspirações Divinas e não as colocamos em prática no momento, podemos considerar que é o inconsciente que está nos boicotando?

Sim. Pode haver uma memória que o bloqueie para agir. É possível que não se ache capaz ou que cogite a hipótese de que não vai conseguir fazer determinada coisa, nesses casos, pode-se recorrer às práticas para vencer esse bloqueio.

O que constitui a essência do Ho'oponopono?

Constitui em mudar o pensamento, transmutar as emoções dentro de si por meio da meditação e da oração e, dessa forma, transformar a sua realidade. O ponto essencial é a responsabilidade de pensar ou de evitar pensamentos limitantes. O Ho'oponopono ajuda a mudar a mente do pensador.

Uma das promessas do Ho'oponopono é a realização dos desejos que ainda não foram conquistados, tanto na vida afetiva ou profissional, como até mesmo nas conquistas materiais. A promessa de suprir uma escassez. Pode falar mais sobre isso?

Quando despertamos reconhecemos que temos, inconscientemente, e de forma distraída, contemplado a condição de escassez (de qualquer coisa na nossa vida). E por conta dessa conscientização nos entregamos, pelo simples fato de desconhecermos o motivo de estar acontecendo aquela mudança, para melhor, graças ao sentimento de abundância que já é nosso, mas que ainda não se manifesta. Essa ausência de manifestação se deve a estarmos desalinhados com a Fonte da Abundância em nós e às crenças de que não temos oportunidades, de que não merecemos, de que somos incapazes, e assim por diante. Esses são os padrões que tentam mudar aquela situação ruim, mas com todo esse esforço, apenas reforçam a circunstância, pois é a afirmação da escassez, de que falta algo – que essas memórias/programas acham terem a solução para sanar. Esses "achismos" são passatempos que distraem a pessoa da conscientização de si mesmo.

A ideia de "a paz começa em nós mesmos" é muito difundida. Em que momento sentimos que a paz começou em nós?

A paz não é uma condição que começa em determinado momento ou a partir de uma pessoa. Essa expressão não é a melhor forma de explicar a busca pela paz. Na verdade, a paz não começa: ela está dentro de nós, e quanto mais nos conhecermos e nos aproximarmos da nossa essência, mais próximo da paz estaremos. Encontramos a paz do Eu em nós. Com a meditação podemos sentir a paz, e esse é o verdadeiro Ser, o verdadeiro Eu, que está na sua essência.

Há workshops em que o palestrante afirma: "Você é cem por cento responsável por tudo o que está à sua volta." E não só pelas nossas próprias ações, mas também pelas dos outros. Se algo nos aconteceu, a responsabilidade é nossa; se houve um problema em algum lugar e tivemos conhecimento dele, a culpa também é nossa. Muitos alunos contestam e se revoltam contra essa ideia, mas a resposta que se costuma obter é que, para o Ho'oponopono funcionar, é necessário simplesmente aceitar. Como funciona isso? O que está no outro está realmente em mim?

Bom, antes eu gostaria de dizer que isso não é verdade. Se alguém cometeu um delito e a outra pessoa teve conhecimento disso pelo telejornal, a responsabilidade não é dela. Se uma pessoa que eu conheço rouba, isso não quer dizer que sou responsável por ela roubar. Assim, reflitamos sobre alguns pontos.

Ao recordar os princípios do Ho'oponopono que falam de responsabilidade, encontramos: "Sou cem por cento responsável por criar o meu universo físico tal como ele é"; "Sou cem por cento responsável por corrigir os pensamentos destrutivos que criam uma realidade enferma". Outros princípios dizem que, se tivermos pensamentos de amor, atrairemos uma realidade física repleta de amor e que, se tivermos pensamentos destrutivos, atrairemos uma realidade física destrutiva.

Ora, o ponto primordial é que atraímos o que pensamos, conforme a Lei da Atração. O que está no outro e que também está em nós são memórias que julgam. As pessoas apresentam diferentes padrões de comportamento e vemos claramente que duas personalidades opostas não conseguem agir uma como a outra. Se a pessoa é muito tímida, ela não encontrará em si a extroversão de um apresentador de televisão ou de uma dançarina, por exemplo.

É necessário limpar o Eu que julga. O julgamento não deixa de ser um pensamento negativo, e se o fez, pode atraí-lo. Está em si a responsabilidade de purificar esse comportamento julgador e também as emoções que compartilha com os problemas. Tenha a responsabilidade de purificar dentro de si o que sentir sobre determinada situação, para não criar ainda mais situações similares. É como ver as tragédias nos noticiários: o telespectador continua criando realidades enfermas ao vibrar com elas.

É comum ouvir que "vemos no outro o que carregamos dentro de nós". Que relação podemos estabelecer quanto à responsabilidade? Está correta essa afirmação?

A ideia está correta, pois o que vemos no outro são julgamentos relativos a memórias que possuímos. É difícil ver algo que não pertence à nossa realidade. Trata-se do famoso "espelho", que reflete uma característica do outro que existe em nós. Novamente, esse é um caso de julgamento: se fizermos a limpeza deles, passamos a ter experiências melhores, livre de sentimentos que possam nos prejudicar, que nos exploram ou nos chateiam se nos pusermos na posição de vítima.

Isso quer dizer que os padrões de julgamento atraem o vitimismo?

Sim, mas também pode-se dizer que a vítima tem um padrão julgador. São pessoas que possuem pensamentos negativos e atitudes derrotistas inconscientes, que já foram predeterminados pelo seu próprio pensamento, levando a um resultado negativo. A vítima recebe do mundo externo a resposta do que emite. Ao acreditar que os outros não gostam dela, já age como se ninguém gostasse de fato dela e, aí, sente-se intimidada.

E como é formada a personalidade de vítima? Como muitas pessoas julgam, todas seriam vítimas?

Não necessariamente. A vítima põe-se no lugar do coitado, acredita que o mundo é injusto, que ela não é merecedora. Esse padrão muito comum pode se enraizar a partir de uma situação real, na qual a pessoa foi alvo de circunstâncias infelizes ou em que ocorreu a intervenção de terceiros. A partir daí, entra em jogo a forma como vai interpretar e se comportar nas próximas ocasiões, podendo conduzir à cristalização da mentalidade de vítima, e então, passar a responder às novas situações, sejam de obstáculos, sejam de divergências, sejam até mesmo de equívocos, de acordo com o contexto que conheceu no passado. Dessa forma, enraízam-se os pensamentos distorcidos da mentalidade de vítima, condensando a personalidade nesse círculo vicioso que atrairá cada vez mais situações negativas. A condição de vítima pode se instalar também quando os pais só dão atenção ao filho em situações de doença ou de sofrimento.

Torna-se evidente que ninguém é vítima, que, na verdade, ninguém nasce vítima. A pessoa se torna ou está na condição de vítima, na qual ela mesma se pôs, baseando-se em fatos ocorridos ao longo da vida que nada mais são do que memórias. Portanto, se o indivíduo quiser sair dessa realidade e tomar as rédeas da sua própria vida, precisa simplesmente fazer a limpeza dessas memórias. Basta querer. É um padrão muito fácil de alterar se a pessoa quiser realmente mudar; e extremamente difícil se não quiser, se achar mais fácil atribuir a responsabilidade a terceiros ou se acreditar ser incapaz. Para começar, a vítima deve assumir a responsabilidade por causar a maioria dos próprios problemas.

O que seria a Lei da Permissão? E o que ela tem a ver com o Ho'oponopono?

A Lei da Permissão é muito simples de se explicar e de entender, mas nem sempre é fácil de vivenciar, visto que existem desejos em jogo. Essa lei diz respeito a entregar à consciência universal os seus desejos em pensamentos e permitir que o Universo os manifeste por si. Isso é, entregar os seus pensamentos ao Universo e fortalecê-los com o seu desejo. É simplesmente permitir que o Universo trabalhe a seu favor, sem a sua intervenção. Parece simples, mas a partir do momento em que se tem esperanças e expectativas, não está permitindo que o Universo atue livremente. Quanto mais esperança tiver e esperar pelo desejo, mais tentará controlar e manipular os resultados, o que acaba por retardar a manifestação dos mesmos.

Essa lei está intimamente ligada ao Ho'oponopono, uma vez que nele primeiro meditamos e oramos para limpar memórias, deixando o caminho livre para que haja conexão entre a pessoa e o Universo, para somente depois entregar o pensamento fortalecido com o desejo à consciência universal. É importante que confiemos que o Universo é sábio, que não tenhamos expectativas e que não queiramos controlar os resultados.

Foi mencionado em seu curso que devemos agir no sentido dos nossos objetivos. Nesse caso, controlar e manipular os resultados seriam formas de agir?

Não seria a mesma forma de agir de que falo, porque controlar e manipular são ações racionais: o indivíduo pensa muito no que faz e age de acordo com a sua mente racional ou vai com muita sede ao pote. A pessoa quer direcionar o resultado e por isso diz que pode retardar a solução que o Universo tem guardada para ela. É importante agir, mas no momento certo, com cautela, de acordo com o fluxo da vida e com a intuição. Controlar pode não ser somente uma ação prática: pode ser simplesmente muita expectativa em pensamento, o que sufoca o desejo e interfere na manifestação universal. Por exemplo, a pessoa possui um desejo e pensa nele; pensamento é energia e tem cor, forma e lugar no espaço; assim, ela lança o desejo ao Universo, mas não fica tentando encontrar respostas rapidamente, não fica procurando soluções. De repente, surge naturalmente a oportunidade que ela esperava, pois o Universo entrou em sintonia com o seu desejo. A partir do momento em que a oportunidade surge, deve-se agir para agarrá-la e realizá-la. De acordo com Deepak Chopra, isso tem muito a ver com a Lei do Mínimo Esforço, segundo a qual temos um desejo que – se estivermos conectados com a Fonte e vivendo de acordo com as leis divinas – esse desejo chega naturalmente sem muito trabalho e sem muito esforço. No entanto, se a oportunidade não surgiu, podemos entendê-lo de duas formas: a primeira, é que ainda não é o momento certo; a segunda, que devemos tentar com o nosso próprio esforço, colocando energia e foco no objetivo para conquistá-lo. Às vezes, quando aceitamos que não é o momento, a expectativa que tínhamos desaparece e o Universo consegue atuar. É o caso das inúmeras tentativas de engravidar de várias mulheres: a partir do momento em que param de pensar nisso, a oportunidade chega às suas vidas e de repente elas engravidam naturalmente.

O Ho'oponopono oferece cura para os defeitos físicos?

Na verdade, no Ho'oponopono não buscamos diretamente um resultado: procuramos limpar sentimentos. Nos casos relativos a defeitos físicos, devemos limpar os sentimentos que temos em relação a eles, abrindo mão de expectativas quanto a resultados. A partir desse desapego, é possível se livrar de algo que o incomoda. Essa mudança se apresentará na forma de você encarar o problema. Se a sua opinião em relação a ele mudar, pode ser que deixe de ser um problema, pois é a pessoa que faz a sua realidade. O que é verdade para si pode não ser para o outro na mesma situação. Além disso, ao neutralizar a parte negativa que tem a doença – estando o caminho livre para a conexão com o Universo –, pode formular o seu desejo e acreditar nele, ou seja, ter fé que o Universo encontrará a melhor resposta para o problema, mesmo sendo físico.

Por que o perdão é importante?

O perdão é o caminho para a liberdade das emoções, das energias que estão condensadas, bloqueando o caminho da vida em diferentes aspectos. Se a emoção cria um bloqueio, é porque está ativa na vida da pessoa e os assuntos em questão ainda magoam, ou seja, ela está presa ao passado. Com o perdão, você poderá se libertar do passado e a vida se tornará mais leve, com mais qualidade e aberta a boas experiências. Se não libertar essas emoções e transmutá-las com amor, o sentimento continuará vibrando informações para o Universo. Além disso, o perdão é o caminho para o amor.

Então, o perdão e o amor têm forte conexão, correto?

Sim, muito forte. Devemos amar o próximo como a nós mesmos, mas antes devemos perdoá-los como nos perdoaríamos. Devemos perdoar os nossos erros e os das outras pessoas também. Se erramos, é porque não temos total consciência da atitude. Ao se adquirir a expansão de consciência elevada, o indivíduo passa a agir de outra forma, com mais sabedoria, partindo do conhecimento adquirido com estudos ou experiências. Por isso, não se prenda aos erros passados: eles fizeram parte da sua aprendizagem. O que somos hoje, em parte é devido aos nossos erros e acertos, e assim obtemos sabedoria.

Portanto, é importante se perdoar para conseguir se libertar do que já não lhe serve de nada; mantenha apenas a aprendizagem. É importante se perdoar também para aprender a se amar de verdade. Dessa forma, a pessoa passa a se respeitar, a se sentir honrada e a agir cada vez mais de acordo com as leis espirituais. Ao agir segundo essas leis, a vida ganha um ritmo natural de evolução e a pessoa passa a viver no fluxo da sua vida e vai tendo abundância de diferentes formas. Claro que é importante estar sempre atento aos pensamentos, aos sentimentos e as atitudes para não regredir, mas a partir do despertar, momento em que se tem consciência da sua própria essência, vai estar cada vez mais atento aos seus passos.

Como diz Osho, "o amor não é uma relação entre duas pessoas, é um estado de espírito dentro de si mesmo".

É possível eliminar um cisto com o Ho'oponopono?

Sim, é possível. Assim como é possível fazer desaparecer um tumor. Tudo depende da determinação e da fé das pessoas envolvidas nas orações. De qualquer forma, volto a repetir: se praticar e tiver fé o Universo trará o melhor resultado que puder naquele momento. Para haver mudança no resultado, é preciso haver mudança na conduta; se continuar a agir como antes, pode voltar a ter o mesmo problema. Eu já vi desaparecer em um mês um tumor no cérebro de uma pessoa, graças ao Ho'oponopono. Outra coisa que pode auxiliar em um processo de cura física é a alimentação natural; outra excelente escolha é procurar um terapeuta de medicina chinesa para orientá-lo nesse caso e em muitos outros relativos a doenças físicas.

O que quer dizer com "o melhor resultado que o Universo trará neste momento"?

Pode ser que a pessoa se cure, pode ser que não. Pode ser que, além da cura, ainda consiga algo mais. Tudo tem o seu momento, um motivo, o tempo certo. Por isso, confie na Divindade, entregue-lhe a situação e ore, repetindo os mantras e agradecendo. Por vezes pode até acontecer de você não compreender uma resposta, ou achar que queria outra, mas com o passar do tempo verá que aquilo foi o melhor. Aceite o que lhe for concedido.

O problema em questão tem algo a ver com o carma?

Sim. É possível que haja um carma para a pessoa ou até para a família, podendo fazer todos passarem por certa situação para que haja crescimento ou simplesmente para se resgatar algo.

E nessa situação também basta repetir o mantra?

Para qualquer situação você pode simplesmente repetir o mantra. Peça limpeza para a sua Divindade interior repetindo a frase "Sinto muito, me perdoa, eu te amo, sou grato", em relação a qualquer sentimento que surja e quanto aos que não surgirem também – o que vier à sua mente é o que precisa ser limpo. É igualmente importante modificar padrões de pensamento que atraem coisas negativas para a sua vida, romper paradigmas, conceitos errôneos que podem ter se solidificado. A partir do momento em que a pessoa mudar o seu padrão de pensamento, melhorar o seu padrão vibratório, perdoando-se e perdoando o outro, nutrindo amor pela sua vida e pela vida de todos, tudo irá se transformar.

O Ho'oponopono pode ajudar nos casos de ciúmes?

Sim, e muito. O ciúme é um sentimento inferior que é gerado a partir de um pensamento. Esse pensamento normalmente emerge de forma natural, quase automática, pois vem de um padrão, de uma memória pessoal. Essa memória pode ter se instalado ainda no ventre materno, tal como esse traço de personalidade pode advir de outra vida ou pode ter sido adquirido durante a vida atual, no contexto de relacionamentos amorosos ou familiares. Quando se deseja fazer Ho'oponopono para esse traço, normalmente se trata de um ciúme doentio, pois chega a incomodar. O processo começa em cada situação: é no momento em que o ciúme aparece que deve ser trabalhado. Aos poucos, o padrão começa a mudar. Primeiro, a pessoa vai aprendendo a lidar com o sentimento, depois vai deixando de sentir ciúmes em situações em que normalmente os sentiria, até chegar a um ponto que transcende o ciúme. Isso não significa que o terá erradicado para sempre, mas que vai se libertar do seu grau doentio.

Como posso mudar alguém?

Só se pode mudar alguém mudando a si mesmo. Só é possível trabalhar o outro a partir do seu próprio Eu. Perceba que somos nós que atraímos as pessoas para a nossa vida. Somos nós que atraímos todos os nossos relacionamentos, sejam amorosos, sejam profissionais, de amizade, etc. Pense em alguém que o esteja incomodando e de quem você se queixe constantemente. Repare nessas queixas e perceba se já não terá feito o mesmo em algum momento da sua vida, principalmente em situações como aquela em que você ou a outra pessoa se encontra agora. Por exemplo, como empregado a pessoa tinha um determinado comportamento, depois, como patrão, um empregado fazia a ele exatamente o mesmo. Analise bem: em algum grau encontrará semelhanças. Não vai servir de nada demitir a pessoa, pois a situação não irá melhorar. O correto é mudar esse traço; logo, a pessoa mudará também ou sairá da sua vida, pois os dois não estarão em sintonia. Esse é o ponto primordial do Ho'oponopono da Identidade Própria: trabalhar em si aquilo que o incomoda no outro, ou o que é pedido ou apresentado pelo outro.

Pode o Ho'oponopono ser utilizado para a ansiedade que se traduz em excessos alimentares?

Sim. Ao se perguntar se a técnica pode ser aplicada, isso mostra que existe a vontade de limpar uma memória, um pensamento, um sentimento, ações passadas ou presentes, etc. Assim, aplique o Ho'oponopono. Se pensar em usar a técnica para algo, ao invés de gastar energia na dúvida, utilize-a no mesmo momento para a prática.

No caso da ansiedade que se traduz em excessos alimentares, utilize diretamente o Ho'oponopono para esse problema. Lembre-se, no entanto, de que também é importante agir, impor limites à alimentação. Tente mastigar mais e saborear os alimentos, senti-los na língua, respirar mais enquanto mastiga.

A respiração *Ha* (método de acumulação de energia vital) também é muito interessante no caso da ansiedade, pois respirar mais profundamente pode aliviar o estresse. Propicie um momento de relaxamento por cinco minutos diários e verá que isso vai fazer muita diferença na sua vida.

Após a respiração *Ha*, se tiver tempo para fazer a conexão entre terra e céu – imaginando a raiz que o liga ao centro do Planeta, passa por si e chega a um ponto no Universo –, poderá perceber o transcender do ego e sentir simplesmente o ser e o estado de tranquilidade naquele momento. Tudo isso pode ajudar.

As dores de garganta frequentes estão relacionadas com o ego?

Pode ser que sim, pode ser que não. O desequilíbrio do Chacra Laríngeo e a baixa imunidade, que está relacionada com os chakras Cardíaco e Plexo Solar, levam a frequentes dores de garganta.

É importante buscar o equilíbrio energético, assim como o alinhamento dos chakras. A autoaplicação de Reiki é essencial, principalmente para aqueles que aplicam Reiki em outras pessoas. O fato de aplicar energia em atendimentos a outras pessoas pode aumentar o desequilíbrio energético se o reikiano não se mantiver energizado constantemente. Ao prestar atendimento, lembre-se de buscar o estado alfa, estar em relaxamento para não assimilar impurezas e energias negativas. Procure também se proteger de outras formas, por exemplo, utilize cristais na sala de limpeza, uma turmalina-negra no bolso, atenda sempre que possível descalço e faça as proteções mentais e com símbolos do Reiki.

Por quanto tempo devo entoar o mantra para um problema específico?

Essa é uma das grandes dúvidas para os praticantes de Ho'oponopono, pois a resposta não é visualizada realmente no momento pós-prática, motivo pela qual essa questão é muitas vezes levantada.

Cada problema terá o seu tempo. Se for um pensamento, um sentimento ou uma sensação que o praticante teve, ele pode sentir alívio ou se desconectar do problema logo após a prática. Quanto ao sentimento devido a algum acontecimento que perturbou o lado emocional do praticante, é importante que ele recorra à técnica para não manter nenhum bloqueio energético que possa vibrar e atrair mais problemas.

Caso se trate de algum problema mais grave, amoroso ou financeiro, exigirá maior prática. No momento em que estiver praticando – pratique enquanto tiver vontade, enquanto fluir –, seja natural, não faça nada por obrigação, não nade contra a maré. Uma dica: pratique até ao momento em que acreditar que o problema foi resolvido. Quando é um problema mais grave, o ideal é praticar alguns dias seguidos, se possível no mesmo horário e no mesmo local; se não puder, faça como for possível – o melhor é nunca deixar de praticar. Para determinado problema, pode-se determinar sete dias de Ho'oponopono e depois aguardar; fica ao seu critério.

Independentemente de ser um problema simples ou grave, é importante nunca se esquecer de entregar esse problema à Fonte, a Deus. Isso mostra a sua fé e a sua conexão vertical, a sua conexão com a Fonte. Faz parte da entrega, do terceiro estágio do despertar que Joe Vitale ensina: a rendição. Não querer controlar o resultado.

Com o passar do tempo, que não é determinado por nós, os sinais serão apontados para o resultado da sua prática. O importante é sempre perdoar e vibrar no amor. Assim, vai entrar em uma frequência superior a qualquer sentimento negativo ou a qualquer problema.

Pode explicar a palavra "sintonia" de forma mais profunda?

De acordo com alguns dicionários, "sintonia" significa: "estado de dois sistemas suscetíveis de emitir e receber oscilações radioelétricas da mesma frequência". E tem como sinônimos: "acordo", "harmonia", "concordância" e "entendimento". Quando digo que um bloqueio energético pode entrar em sintonia com algum acontecimento que tem na sua essência alguma energia similar, quero dizer que ambos os lados possuem concordância, harmonia entre si. Podem possuir um comprimento de onda similar que permite esse acordo.

Considero que as memórias existentes atraem outras memórias por sintonia. Estou certo?

Esse comentário de um aluno está correto. É a Lei da Atração em funcionamento. Além disso, podemos ainda entender de outra forma. Uma memória pode levar a pessoa a agir de forma que lhe traga mais problemas. Um novo problema pode lhe trazer nova memória. As duas memórias não precisam necessariamente serem iguais, mas elas se identificam, estão em sintonia, existe ligação entre elas. Há estudos na cientologia sobre esse assunto. Imagine uma hierarquia entre essas memórias, ao trabalhar a memória de baixo, mais recente, transmutando-a, poderá se lembrar com mais facilidade de outra memória mais antiga que está relacionada com ela e, ao trazê-la para o nível consciente, pode também transmutá-la. Se você consegue trabalhar e transmutar uma memória bem mais antiga, que possui raízes sob novas memórias que foram se formando a partir da primeira, será capaz de desconectá-las das raízes, desativá-las da sua aura e adquirir uma mente mais limpa, empobrecendo a mente reativa (pensa e age a partir de memórias) e fortalecendo a mente analítica (mente mais racional e sábia). Veja novamente essa imagem, agora com todo conhecimento que adquiriu:

Exemplo figurativo: memórias = ⬤

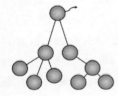

Se a carga energética dessa memória mais antiga for transcendida, pode eliminar a carga das outras memórias, que foram atraídas pela carga motivacional da primeira memória.

Quando não julgo, consigo ver o outro no agora, sem utilizar a memória do passado?

Depende, pode acontecer de você estar no momento presente sendo influenciado por memórias. Mesmo que não esteja julgando, ainda pode haver memórias. É importante praticar o Ho'oponopono para qualquer memória que tenha. A oração de Morrnah Simeona é indicada para esse caso, para que assim purifique qualquer que seja o bloqueio energético existente entre você e a pessoa em questão. No momento presente, poderá sentir mudanças nas suas ações e nas da pessoa, bem como nas auras de ambos. O não julgamento é sempre importante para que não faça escolhas ou ações erradas, ou ainda para que não crie ideias equivocadas relativas a tal indivíduo.

Qual é a diferença existente entre passe e Reiki?

No passe existe auxílio espiritual para canalização de energia. A pessoa que dá o passe é instruída e preparada energeticamente para isso. A prática do passe é feita nos centros espíritas. O Reiki é uma técnica japonesa que pode ser praticada em diversos locais, desde que a pessoa tenha as mãos livres, esteja lúcida e possa se concentrar na canalização de energia. No Reiki, adquire-se a capacidade de canalizar energia por uma iniciação que programa a glândula pineal, que contém cristais de apatita. Os reikianos conseguem canalizar energia para os diferentes corpos, ou seja, conseguem direcionar energia, diferentemente das outras técnicas de energização.

Magoei uma pessoa há um ano e meio, pedi desculpas e há seis meses faço Ho'oponopono. Mas sinto que não funcionou.

As desculpas foram solicitadas antes ou depois de praticar Ho'oponopono? Já se perdoou por tê-la magoado? Nessa prática é importante acreditar na transmutação do bloqueio, entregar o problema à Fonte e não emitir o medo da não aceitação, pois, se agir dessa forma, vai ser essa a resposta que terá. Se não funcionou, pode ser que o seu inconsciente esteja emitindo alguma informação. Antes, é preciso perdoar-se por dentro. Se por acaso estiver totalmente resolvido com essa história, sem mágoas, sem medos, sem culpas e vibrando no amor e no perdão, e mesmo assim a pessoa não o tratar bem, é importante entender que ela está numa vibração diferente, em um nível de consciência distinta, e que tem o momento dela de aprender. Faz parte da evolução. O importante é perdoar dentro de si e manter a sua paz interior, a paz do Eu.

O pensamento gera sentimento ou é o sentimento que gera o pensamento?

Temos sete corpos espirituais que podem ser nomeados de diferentes formas. Eu os nomeio assim: *corpo celestial, corpo causal, corpo etérico-padrão, corpo espiritual, corpo mental, corpo emocional* e *corpo físico*. A influência é de fora para dentro; portanto, na maioria das vezes, o corpo mental influencia o corpo emocional, isto é, o que pensamos influencia o que sentimos. Pode ser tanto o que pensamos conscientemente quanto o que está enraizado no nosso inconsciente – a mente inferior não deixa de ser um pensamento ou uma opinião. São memórias que temos que influenciam as nossas ideias e nos fazem sentir de tal maneira. E, por ser memória, o caminho já está preestabelecido. Um fato simples pode levar alguém a ter depressão em um determinado momento. O mesmo fato vivido por outra pessoa pode deixá-la chateada, mas não deprimida. Tudo depende do registro que a pessoa tem na mente.

Isso não quer dizer que o inverso – o emocional influenciar o mental – não possa acontecer. É possível sentir emoções ou sentimentos que influenciem o seu pensamento; o ponto é que já existe um registro no corpo mental, ou seja, uma ideia que já foi experimentada e que já existe como memória.

Decidir é inexorável. Como disse Sartre, estamos miseravelmente fadados a tomar decisões. Portanto, a questão está no momento preparatório ao ato decisório. O medo está instalado nesse momento ou nas nossas memórias?

Uma decisão sempre vem acompanhada de um ato de renúncia. No momento em que se opta por algo, deixa-se de escolher outra forma de agir ou outro objetivo. É preciso ter maturidade tanto para decidir quanto para renunciar. O sentimento de desapego está relacionado com a renúncia. Isso acaba por trazer certa insegurança; afinal, na maioria das vezes, as pessoas procuram a melhor resposta para cada situação (não pondo em discussão o que seria a melhor resposta).

Agora, respondendo diretamente à sua pergunta, o medo é a insegurança ou a dúvida que a situação de decisão gera, mas que varia de acordo com os tipos de decisões e com as pessoas envolvidas. Quem toma a decisão é um ser humano, ou seja, tem subjetividade, personalidade e possui memórias. O Ho'oponopono pode ser utilizado para melhorar esse sentimento (do ser subjetivo) em relação à tomada de decisão (momento que gera algum desconforto, como, por exemplo, o medo) e assim criar menos desconfortos.

Repetir "sinto muito" pode levar a pessoa a ficar deprimida?

Quando repetimos "sinto muito", referimo-nos a sentir muito por termos agido inconscientemente. No Ho'oponopono falamos de amor e de gratidão, que são sentimentos e energias de vibrações superiores e sutis. O "sinto muito" é utilizado para identificar o problema e nos posicionarmos como responsáveis por ele; o perdão irá nos libertar do problema, o amor irá transmutá-lo e a gratidão fortalecerá o fluxo entre micro e macrocosmo, o reconhecimento da transcendência do problema, da fé, da rendição e do despertar.

Como posso dizer que amo alguém se tenho raiva ou estou magoado?

Quando repetimos as frases do Ho'oponopono, não o fazemos para a pessoa, mas, sim, para a Divindade que existe dentro de cada um de nós. Ao nos conectarmos com a Divindade Maior, todo o processo do Ho'oponopono acontece: inspirações, aproximação da própria essência, sentimento de paz interior. Pedimos perdão, emitimos amor e gratidão à Divindade que existe dentro de nós e também à Divindade a que se pode chamar de Deus ou Todo.

Há quem diga que o "Eu te amo" tem de ser dito por último. Qual é a melhor forma de repetir o mantra?

A melhor forma é aquela que faz você se sentir melhor. Não há certo ou errado. Há pessoas que gostam de repetir o "Eu te amo" por último, uma vez que a energia do problema vai voltar para o Universo e a energia da criação é energia de amor. Mas pode repetir da forma que o fizer se sentir melhor. Gosto de dizer da forma tradicional: "Sinto muito, me perdoa, eu te amo e sou grata", com o amor transmutando e a gratidão como reconhecimento. Sempre funcionou assim; o meu subconsciente já aprendeu dessa forma. Mas não vai deixar de funcionar se a ordem for diferente.

Considerações Finais

Quantas vezes escutei dizerem que as pessoas não mudam. Mas isso, ao menos para mim, nunca fez sentido. Nada é estático, tudo muda o tempo todo. Uma hora nos sentimos melhor e, em outra, pior. Ao longo da vida, com base em tudo o que se passou e em suas escolhas, um resultado, positivo ou negativo vai se apresentar. E, ao fim, de acordo com os caminhos escolhidos, o seu mapa será traçado, digamos assim, com tudo aquilo que trilhou, com suas escolhas e com as consequências que vem com elas. Isso lhe dará a condição de perceber se a mudança foi para melhor ou para pior. Estamos aqui para evoluir, portanto, a essência da vida é mudar.

Mudar de maneira consciente é bem mais benéfico, pois sabe-se que a direção está correta e a chance de se obter sucesso é bem maior. Não adianta querer fazer exatamente igual a pessoa que está ao seu lado, cada indivíduo tem um conjunto de informações que corresponde a um resultado de muitas vidas. Cada um tem seu destino, a sua missão, a sua personalidade, as suas habilidades e as suas dificuldades. Com a Numerologia Cabalística percebo muito bem todos esses pormenores. E sinto o quanto mapear nos dá a certeza de quem somos e nos ajuda a entender para o que viemos.

Quando estamos desalinhados com esses propósitos, a vida não faz muito sentido. Muitas pessoas dizem sentir um vazio sem paz, sem significado, elas estão distantes de sua essência e do seu Eu. O primeiro passo é se conhecer, e depois, se conectar com Deus, com o Todo, que vai lhe abrindo caminhos e mostrando as portas certas, trazendo compreensão e aceitação dos acontecimentos. Pode até não ser tão nítido em um primeiro momento, mas, a cada situação, logo tudo se encaixa.

Nessa trajetória de evolução a felicidade é o que importa, e isso a consciência plena trará, o que não quer dizer que não terá questões na sua vida a resolver, mas a forma de lidar com elas e como vão lhe afetar é que muda. As questões trazem crescimento e não abalam tanto a sua alegria de viver. Por isso essas técnicas são tão importantes, pois trazem consciência e alegria de viver. A consciência permeia tudo e não tem como foco somente os exercícios práticos; é preciso saber o que está fazendo.

Antigamente, quando eu voltava de uma boa viagem, sentia certa tristeza. Hoje eu agradeço os bons momentos que tive e volto para minha vida feliz, pois gosto da minha rotina. Disso podemos tirar dois ensinamentos: primeiro, que não devemos nos apegar aos momentos felizes, assim como não devemos nos apegar a dor. Viver o agora é aceitar o que se apresenta a cada momento. E, segundo, que a nossa rotina de vida deve ser prazerosa.

O Ho'oponopono e o budismo, foram os caminhos pelo qual me encontrei com Deus. Senti muita identificação com ambos, que nos conectam e limpam de energias negativas e pensamentos, emoções ou memórias passadas. O Ho'oponopono trabalha com as palavras e com os sentimentos que fazem muito sentido para mim. Eu sempre o aplico juntamente ao Mindfulness, que é derivado do budismo, quando estou com dificuldade de focar em algo no aqui e no agora. Tanto o Ho'oponopono quanto o Mindfulness se baseiam na força do AGORA. O Reiki já é uma ferramenta para encontrar equilíbrio em momentos passados, presentes e futuros, energizar a si e ao outro, equilibrar as energias do nosso corpo, da nossa mente, do nosso espírito. Resultados estes que também conseguimos com o Ho'oponopono. Energizar a sim mesmo, a algo ou a alguém com suas próprias mãos é um poder fantástico. Ao invés de tomar um comprimido para dormir, faça o Reiki e o Mindfulness concomitantemente, ou junte até mesmo o Ho'oponopono. Experimente.

É importante ser feliz de verdade, gostar da vida que leva, da rotina que tem. Esse é o segredo para a felicidade duradoura. Se não está feliz com o que tem agora, o ideal é identificar o que se pode mudar e melhorar, mesmo que seja um processo lento. Use as técnicas apresentadas para lhe ajudar nesse processo. Para isso, tenha consciência delas, utilize a força do seu pensamento e de suas mãos positivamente. Sua consciência e suas mãos estarão sempre aí, ao seu alcance, aonde quer que esteja. Portanto, conte sempre com o Ho'oponopono, com o Mindfulness e com o Reiki.

Oração da Kahuna Morrnah Simeona[2]

Ho'oponopono

Divino Criador, Pai, Mãe, Filho em Um...
Se eu, a minha família,
os meus parentes e os meus ancestrais
Te ofendemos, à tua família, parentes e ancestrais,
em pensamentos, palavras, atos e ações,
do início da nossa criação até ao presente,
nós pedimos-Te o Teu perdão...

Deixa isto limpar; purificar; libertar;
cortar todas as recordações, bloqueios,
energias e vibrações negativas,
e transmutar estas energias indesejáveis
em pura luz...
Assim está feito.

---

2. Kahuna Morrnah Simeona, foi a criadora do Processo Ho'oponopono da Identidade Própria e nos deixou, "de herança", esta oração simples e poderosa, que podemos fazer em relação a qualquer problema com qualquer pessoa.

Bibliografia

CHOPRA, Deepak, *As Sete Leis Espirituais do Sucesso*. Presença, 2015.

DE' CARLI, Johnny, *O Tarô do Reiki*. Editora Nova Senda, 2014.

DE' CARLI, Juliana, *Ho'oponopono: Método de Autocura Havaiano*. Editora Nova Senda, 2013.

EMOTO, Masaru, *O Poder Curativo da Água*. Texto Editores, 2015.

KARDEC, Allan, *O Livro dos Espíritos*. Nascente, 2014.

SHARAMON, Shalila, baginski, Bodo j., *Chakras: Mandalas de Vitalidade e Poder*. Editora Pensamento, 2002.

VITALE, Joe, *At Zero: The Final Secrets to "Zero Limits". The Quest for Miracles Through Ho'oponopono*. Wiley, 2013.

VITALE, Joe, Len, Hew, *Zero Limits: The Secret Hawaiian System for Wealth, Health*, Peace, and More. Wiley, 2008.

Outros recursos
Centro Português de Mindfulness: https://www.serintegral.pt

Dicas de leitura

HO'OPONOPONO – MÉTODO DE AUTOCURA HAVAIANO
Juliana De' Carli

Neste livro simples e inovador, Juliana De' Carli nos apresenta o Ho'oponopono, um método de origem havaiana desenvolvido pelos Kahunas, antigos sacerdotes desta região do Pacífico.

A técnica consiste em identificar os problemas e encontrar um caminho para sua cura com base em compaixão, perdão, amor e gratidão – sinto muito, me perdoe, eu te amo, sou grato/a.

Sua prática permite tomar consciência de que somos nós os responsáveis pela realidade em que vivemos e, sendo assim, pela nossa transformação.

Com o Ho'oponopono vai conseguir a energia necessária para o equilíbrio, a reestruturação e o alinhamento dos padrões mentais que o tornarão mais consciente, saudável e feliz.

Dicas de leitura

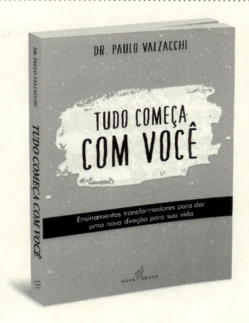

TUDO COMEÇA COM VOCÊ
Paulo Valzacchi

Existe uma ânsia por felicidade, paz e prosperidade em todas as áreas de nossa vida, somos todos guiados por esse propósito, queremos viver uma vida significativa.

A vida não precisa ser complicada, procure não se agarrar aos seus problemas, mas aprender a lição em cada um deles, mude sua percepção e sua mentalidade, reúna as melhores ferramentas e comece hoje mesmo a entender que a revolução, a mudança, a transformação, tudo começa com você.

Com uma linguagem simples e direta, Dr. Paulo Valzacchi o convida a uma jornada de sabedoria prática, um caminho de descobertas que vai permitir que você trace a sua própria trajetória de maneira surpreendente. Comece agora!

Dicas de leitura

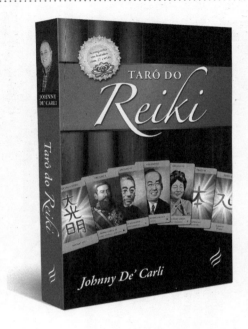

TARÔ DO REIKI (*Livro + Cartas*)
Johnny De' Carli

À tempos, Johnny De' Carli vinha buscando escrever para seus alunos e leitores algo que fosse totalmente novo para a comunidade reikiana. E essa Luz começou a brilhar quando decidiu percorrer o "Caminho de Santiago de Compostela", na Espanha, a fim de receber um esclarecimento do "Alto". E foi nesse período de intensa introspecção em solo sagrado que os conhecimentos adquiridos em anos e anos de pesquisa foram criando links, e as pequenas informações, que passam despercebidas pela maioria das pessoas, foram fazendo mais e mais sentido, até um momento em que todas elas juntas mostraram algo que estava escondido por trás das escrituras – outra maneira de utilizar nossa energia – uma maneira que agora é apresentada a todos em "Tarô do Reiki".